# DES TERRITOIRES À PENSER

La collection *l'Aube poche essai*
est dirigée par Jean Viard

© Éditions de l'Aube et Passion Céréales, 2015
www.editionsdelaube.com

ISBN 978-2-8159-1161-0

# Des territoires à penser

éditions de l'aube

Jean-François Gleizes a également dirigé, chez le même éditeur :

*La fin des paysans n'est pas pour demain*, 2009 ; l'Aube poche essai, 2013

*Comment nourrir le monde ?*, 2011 ; l'Aube poche essai, 2013

*Le bonheur est dans les blés*, 2011 ; l'Aube poche essai, 2013

# Introduction
## Ouvrir des perspectives
*Jean-François Gleizes,*
*agriculteur**

Ce volume est le troisième de ce qui forme désormais le commencement d'une collection dont le but est d'ouvrir des perspectives. Au fil des années, l'association Passion Céréales s'est attachée à demander à des personnalités d'horizons divers de partager leurs réflexions, leurs éclairages, leurs opinions sur des sujets qui concernent l'ensemble de la société et le rôle économique et social qu'y jouent les filières de grandes cultures.

« Grandes cultures » : ce terme désigne des activités agricoles qui se trouvent au cœur de pans entiers de l'économie, de filières dont l'activité irrigue la vie

---

* Agriculteur dans l'Aude (blé dur, tournesol, soja irrigué), Jean-François Gleizes est président délégué d'Arterris, président d'Alliance Occitane (union de coopératives) et, depuis 2005, président de Passion Céréales. Il est membre du bureau de l'AGPB et trésorier d'Arvalis – Institut du végétal.

quotidienne de chacun. Dans nos pays où les ressources alimentaires sont disponibles grâce à des sols et à des climats favorables et grâce au professionnalisme des agriculteurs et des acteurs de ces filières, abondance et régularité sont devenues des données « normales ».

## Des évolutions historiques de la société et de l'agriculture

Le maintien d'une disponibilité alimentaire de qualité en quantité suffisante pour satisfaire une demande toujours croissante est cependant, pour les professionnels, un défi quotidien : défi des aléas climatiques qui créent des conditions de production incertaines, défi des contraintes résultant d'exigences contradictoires de sécurité alimentaire et sanitaire mais de réticence au progrès technique, défi de la valorisation durable des ressources naturelles de l'environnement, défi des évolutions démographiques et de l'urbanisation.

La capacité des producteurs de blé, de maïs, d'orge, mais aussi de betterave sucrière et d'autres grandes cultures à relever ces défis est sans défaillance depuis bientôt trois quarts de siècle. Les progrès techniques et l'amélioration des variétés végétales ont permis aux filières françaises de concilier au cours de cette période trois évolutions historiques pourtant de sens contraire : une population qui a augmenté de 50 % en passant de moins de 45 millions à plus de 65 millions d'habitants ; simultanément, un effectif d'agriculteurs passé de 25 % de la population active à moins de 3 % aujourd'hui ; et, dans le même temps, la transformation de la France en un grand pays exportateur, le deuxième au monde pour les céréales, alors qu'elle était importatrice au début des années 1950.

La richesse de la France est ainsi due pour une part à la transformation de son agriculture et à la capacité de celle-ci d'accompagner et de soutenir dans la durée l'évolution d'une Europe qui doit pouvoir continuer à remplir son rôle dans le monde.

## Regarder l'avenir sous différents angles, avec confiance et détermination

Continuer de progresser vers cet objectif nécessite un dialogue entre acteurs de la société, y compris les professionnels des filières de grandes cultures, qui sont à la fois entrepreneurs, employeurs, ruraux, artisans, industriels de la transformation et, à tous ces titres, citoyens.

La réalité et le devenir des agriculteurs a été le premier thème proposé par Passion Céréales sous le titre *La fin des paysans n'est pas pour demain*. Il réunit les contributions d'auteurs de premier plan dans leurs domaines respectifs. Il porte aussi la conviction du caractère permanent, à travers ses métamorphoses, du rôle du « paysan » dans la société comme dans l'économie.

Le défi alimentaire mondial, thème du deuxième volume intitulé *Comment nourrir le monde ?*, partage, à la lumière d'analyses d'un autre groupe de personnalités, la conviction que la capacité de production des agricultures, dans leur diversité et leurs potentiels, permet de répondre aux besoins d'une population mondiale en croissance.

Ce troisième volume aborde le thème du territoire, ou des territoires. Quel est le sens de cette notion dans le monde d'aujourd'hui et de demain ? Le mot, utilisé dans de nombreux domaines au sens propre ou au sens figuré, a-t-il un sens dans un contexte « mondialisé » ? A-t-il un sens notamment pour les activités de nos filières de grandes cultures, de la recherche et de la production de semences jusqu'à la livraison aux consommateurs de produits « directs », comme la boulangerie, ou très indirects, comme les bioplastiques, sur des marchés très locaux ou très mondiaux ?

Autour de ces questions, ce sont des regards aussi divers que dans les volumes précédents que Passion Céréales vous propose de découvrir ici. Des regards libres, condition de leur sincérité et de leur valeur. Des manières de voir qui sont celles de chacun des auteurs, dont les travaux sont par ailleurs souvent très éloignés des questions agricoles ou alimentaires, mais toujours éclairants sur le devenir de nos sociétés.

L'agriculteur céréalier du sud-ouest de la France, que je suis, à qui a été confiée la présidence de notre association et qui se félicite de pouvoir présenter le troisième ouvrage de cette collection, porte ainsi la confiance et la détermination avec lesquelles les professionnels des grandes cultures continuent d'envisager l'avenir et l'engagement qu'ils ont à vouloir relever les défis qui leur sont proposés.

## L'avenir des territoires

*Henri Nallet*
*ancien ministre, président de la Fondation Jean-Jaurès*[*]

Quand on m'a demandé de participer à une réflexion collective sur l'avenir des territoires, ma première réaction, non formulée, fut: « Encore? Mais que peut-on dire de nouveau sur ce sujet rabâché, auquel j'ai prêté la main cent fois et où les regrets ruralistes le disputent aux assurances des aménageurs de métier? Je n'ai rien à en dire! »

Mais comme j'aime bien ce que fait Passion Céréales, je me suis vite repris et je me suis demandé ce que j'avais envie de dire sur la question, aujourd'hui, dans la situation qui est la mienne, sans responsabilité publique, libre de mes pensées, même les plus noires…

[*]  Issu de la faculté de droit, de sciences économiques et de Sciences Po, Henri Nallet a travaillé à la sous-direction économique de la FNSEA et à l'Inra. Conseiller technique à la présidence de la République, ministre de l'Agriculture à deux reprises, garde des Sceaux, député de l'Yonne et maire de Tonnerre, il est aujourd'hui président de la fondation Jean-Jaurès.

Et au fond, j'ai plus à dire que je ne croyais sur l'avenir des territoires ruraux, pas de science sûre, bien sûr, je ne suis ni géographe, ni historien, ni sociologue, mais parce que pendant plus de quinze ans j'ai eu la responsabilité d'un territoire rural situé à la jonction des plateaux de Champagne et de Bourgogne, maire d'une ville de 6 000 habitants, conseiller général d'un canton très rural, président du syndicat intercommunal, président du « Pays » et, même, député de la circonscription, où certaines communes n'avaient pas plus d'une trentaine d'électeurs.

C'est dire si j'en ai fait des permanences sur mon « territoire », écouté les doléances des uns et des autres à propos de la fermeture des quelques industries restantes, du début du chômage des jeunes, du dépérissement progressif des services publics, de la disparition des petites exploitations, du vieillissement de la population, etc.

Mais je ne suis pas resté sans réagir. J'étais un élu local très puissant, puisqu'un temps ministre. Et j'ai mis ce poids au service de mon territoire en obtenant des crédits régionaux, nationaux, et même communautaires pour améliorer et rénover le centre-ville, faire venir plusieurs entreprises de l'agroalimentaire, permettre le maintien d'un hôpital public, créer un BTS associant deux lycées, développer le tourisme, favoriser l'implantation d'un hôtel, reconstruire un vignoble historique de qualité. Tout cela avec l'appui résolu et compétent de l'administration préfectorale, des fonctionnaires du conseil général, de la Région.

J'ai essayé de favoriser le développement économique, social, culturel de ce petit territoire rural de manière que je voulais moderne, ouverte, en faisant participer les élus, les associations, les syndicats, en associant les chefs d'entreprise, les agriculteurs, avec mon équipe de collaborateurs et, même, avec l'aide efficace d'un bureau d'études spécialisé dans le développement local. Pour quel résultat ?

Je n'ai plus de responsabilités territoriales depuis douze ans mais j'ai gardé contact avec ce petit morceau de France rurale auquel je suis très attaché parce que j'en ai eu la responsabilité, et je peux donc faire une sorte de bilan. Et à l'évidence, les tendances lourdes du dépérissement de ce territoire sont toujours à l'œuvre.

L'emploi industriel dans l'électronique grand public et le textile qui faisait vivre la région a quasiment disparu. Les habitants de la ville vivent désormais principalement des transferts sociaux (école, collège, lycée, hôpital, services de la ville), des services financiers, des quelques commerces restants et des deux grandes surfaces extérieures à la ville.

Les services publics rétrécissent, l'hôpital a perdu sa maternité et le tribunal d'instance a fermé, la médecine de ville ne se renouvelle plus et le centre-ville continue à se vider de ses habitants, qui préfèrent un habitat extérieur, notamment dans les villages avoisinants ou dans les lotissements modernes qui offrent des maisons individuelles.

La traversée du territoire dont j'ai eu la charge est, aujourd'hui, angoissante : des villages sans aucun lieu d'échanges humains (plus un commerce, plus un café), avec beaucoup de maisons aux volets clos ; le bourg centre, à l'exception de la rue principale, lui aussi aux rues vides avec des maisons fermées, voire délabrées. Seuls les parkings des deux grandes surfaces qui concentrent l'essentiel des échanges paraissent vivants, avec des hommes et des femmes qui s'activent sans se parler derrière les chariots qu'ils poussent vers leurs voitures.

Ce sentiment de morne solitude n'est pas qu'urbain. Les hameaux où vivaient les agriculteurs, principalement céréaliculteurs, se sont eux aussi vidés parce que les exploitations se sont agrandies. Le déclin du territoire, reconnu par tous, apparaît inéluctable ; alors on s'y résigne. Ce n'est pas un cataclysme violent, la peine n'est pas insupportable, ça va encore prendre du temps, c'est une lente mais sûre hémorragie.

Peut-on faire encore quelque chose pour maintenir de la vie dans nos pays ruraux ? Pour les « territoires » touristiques, ensoleillés ou périurbains, près des grandes villes, il est vraisemblable que se maintiendront, voire se développeront, des services, des commerces, des habitats diversifiés assurant des échanges, des revenus, au moins une partie de l'année.

Le territoire de Sainte-Mère-Église, où j'ai des attaches familiales, connaît un véritable *boom* économique grâce à la frénésie commémorative du débarquement. Mais quel avenir pour les territoires ruraux « profonds » qui se sont développés et ont longtemps vécu autour et en échange d'une agriculture diversifiée et de petites dimensions, assurant l'approvisionnement local et fournissant des emplois, et qui s'étiolent tous, comme celui dont j'ai eu la charge, au rythme des bouleversements que connaît notre agriculture depuis la fin de la Seconde Guerre mondiale, sinon la poursuite de l'hémorragie ? Une interrogation demeure à propos des territoires ruraux périurbains qui voient les terres agricoles souvent les plus productives reculer au profit de zones d'habitations individuelles, mais avec des exceptions, des hésitations, des activités de services, voire de l'agriculture diversifiée et de proximité se développer ou renaître.

Cette diversité de l'espace rural n'a pas été suffisamment prise en compte dans les politiques suivies dans les années quatre-vingt et quatre-vingt-dix. Nous étions beaucoup trop sensibles à une conception conservatrice du « territoire rural », héritée de notre histoire et de nos institutions comme espace agricole relativement fermé où les producteurs et les autres habitants devaient disposer des fonctions nécessaires à leur vie sociale. Le territoire, c'était une petite France rurale avec l'école, l'hôpital, la maison de retraite, la gare, les services publics, les commerces, le curé…, l'ensemble des fonctions sociales conformes aux standards des années cinquante et soixante, quand plus du tiers de la population française vivait dans des villes de moins de 5 000 habitants.

Nous pensions qu'il fallait maintenir des lieux de production et des services à tout prix ; tout faire pour éviter de fermer la boutique. Et ce conservatisme, qui, bien sûr, empêchait de voir les évolutions irréversibles, était renforcé par notre organisation institutionnelle : département, sous-préfecture, cantons, conseil général, contribuent à maintenir le découpage territorial dans ses anciennes structures et favorisent son artificielle survie. Ainsi, dans le conseil général où je siégeais, il était admis que chaque conseiller général, quelle que soit sa couleur politique, avait « droit » à une maison de retraite et à une priorité dans l'embauche de son personnel !

Il y eut bien quelques tentatives technocratiques de secouer ce conservatisme coûteux et inefficace. Ainsi, pour dépasser le découpage cantonal, qui dans certaines zones ne veut plus rien dire, on a inventé les « bassins de vie » pour rattacher le rural à l'urbain, puis les « pays », qui regroupaient plusieurs cantons et auraient pu rendre possible une reconfiguration plus juste des services publics. Mais rien de tout cela ne s'est vraiment imposé à la place de l'organisation impériale de l'espace français. Mes collègues du conseil général tiennent toujours les « affaires » des territoires ruraux d'une main ferme et paternelle, et comme l'expliquait le président de l'assemblée départementale, « ils amortissent les crises »…

Toute politique qui cherche à rompre la lente et sûre décadence des territoires ruraux, et en particulier ceux de la « diagonale aride » qui s'étend des Ardennes au Cantal, devrait avant tout s'attaquer résolument aux structures administratives et politiques qui maintiennent ces petits espaces en survie coûteuse et recomposer des ensembles d'abord géographiques et agronomiques où une agriculture moderne travaillant dans de grandes exploitations produirait pour le marché des matières premières mondialisées. C'est déjà en route. Il faut l'accepter et l'accompagner car nous vivons dans une grande zone céréalière qui constitue l'une de nos richesses nationales. Dans mon canton, beaucoup de petites exploitations ont disparu au profit d'entreprises de plus de 200 hectares. Ce n'est pas le désert ni la fin de la biodiversité !

Puis il faudrait traiter très différemment les zones rurales périurbaines où s'étendent dans le désordre et l'uniformité des lotissements d'habitats individuels au détriment des terrains agricoles. Il faut intégrer ces zones au système d'organisation et de gestion urbain plutôt que de les opposer, et permettre ainsi une réflexion commune sur l'utilisation et la gestion de l'espace en tant que bien commun même si son appropriation reste privée.

Enfin, les zones rurales situées sur le littoral maritime ou dans des zones touristiques fréquentées n'ont besoin de personne pour se développer et prospérer. Juste leur demander de respecter la loi littoral et de ne pas trop construire dans les zones inondables !

Mais cette prise en compte de la diversité de nos territoires ruraux suppose de la prendre au sérieux, d'en faire une richesse au lieu de chercher à la réduire. Ce n'est pas une réforme inconcevable et nous pourrions, sans doute, être assez nombreux à en convenir. Mais quand on voit les formidables réticences que soulève une bien modeste réforme territoriale, on peut certifier sans grands risques de se tromper que nos collègues sur les territoires ruraux ont encore de beaux jours devant eux… !

# Dire la terre politique

*Jean Viard*
*sociologue, économiste et politologue*[*]

La France fut centralisée et autoritaire à la mesure de sa diversité. Le Sud tirait vers la Méditerranée, l'Ouest vers l'Atlantique, la grande plaine européenne descendait presque jusqu'à Bordeaux et était sans frontière naturelle – jusqu'à Moscou ou quasi. Un segment de Rhin nous séparait bien mal de l'Allemagne. L'arc alpin, ce cœur culturel et technologique de notre Europe, tenait l'Hexagone par son côté est. Sans parler des promontoires et des massifs peu accessibles où la population se multipliait en vivant en autarcie relative (Bretagne, Normandie, Massif central…). Autrement dit, ces lieux et ces hommes n'avaient aucune raison de former une nation commune. Seuls les hasards de l'Histoire et une volonté politique forte,

[*]   Directeur de recherche CNRS à Sciences Po (Cevipof). Spécialiste des relations ville-campagne et agriculture-nature, il est l'auteur de *La France dans le monde qui vient. La Grande Métamorphose*, l'Aube, 2013 et de *Nouveau portrait de la France*, l'Aube poche, 2013.

millénaire, des Capétiens aux Jacobins, ont construit ce pays. Une volonté de conquête et de centralité qu'il fut bien difficile de stopper – d'abord en Belgique en 1814, puis en Algérie en 1962. À coups de règle sur les doigts et de guerres communes, les enfants de ce patchwork-là finirent par parler le français dans les écoles de la République et par partager ses fiertés.

Mais pour y asseoir la République au XIXe siècle, il fallut l'enraciner dans les campagnes, village par village, famille par famille. Ce fut l'œuvre de la Troisième République. D'abord une paysannerie républicaine propriétaire, conseiller municipal, chef de famille et soldat. Premier pacte agricole. Nombreuse donc, pour voter en masse avec les propriétaires des villes contre une remuante classe ouvrière, souvent d'importation. Une paysannerie du refus de la Commune de Paris, une paysannerie de la « victoire » de 1918 ; des villages autour de leur église, de leur école, de leur mairie et du monument aux morts. Les colonies comme appoint alimentaire en Afrique et en Asie. Mais aussi « la terre, elle, ne ment pas », qui prend sa source dans la prise de conscience, après 1933, que la République paysanne avait basculé vers la ville et l'usine. Les Chemises vertes en particulier furent l'expression de ce sentiment de trahison du contrat républicain de 1870. Double trahison en vérité. Celle de la promotion par l'école, qui prit les (meilleurs ?) fils de la terre pour en faire des fonctionnaires, des militaires et des professions libérales. Celle des usines, qui inventa un peuple ouvrier urbain souvent venu d'Italie, de Pologne, de Belgique, du Portugal, d'Espagne et, enfin, des anciennes colonies. Il fallut alors inventer un village sans lieu pour immigrants, ce furent les classes sociales, qui peu à peu organisèrent les « quartiers rouges ».

Mais ces paysans nombreux et politiques – politiques car nombreux – nous avaient laissé sur notre faim jusqu'à ce qu'Edgard Pisani révolutionne la Ferme-France : pétrole vert de la France gaulliste contre pétrole noir des déserts d'Algérie. Deuxième pacte agricole. Une paysannerie productive se substitua à la paysannerie politique quand les départements d'Algérie retournèrent en Algérie et que l'Afrique noire rencontra son destin. Une paysannerie moderne qui fit une place nouvelle aux femmes et aux couples, qui favorisa l'agrandissement des exploitations, l'investissement technique, chimique et commercial. Une paysannerie qui, une fois encore, réussit magnifiquement le pacte signé avec la République. Les surplus de beurre datent de 1984 seulement. L'agriculture devint exportatrice. Mais ce triomphe agricole fut de courte durée car déjà la ville s'étalait, rêvait de nature, de jardin, de TGV et d'autoroute. Et la Ferme-France, en agrandissant ses exploitations, diminuait sans cesse le nombre de ses agriculteurs. Deux cents fermes disparaissent chaque semaine en

France et, en trente ans, la surface moyenne d'une exploitation est passée de 44 hectares à 78. S'il y a toujours 36 000 communes, il ne reste que 10 fermes par commune contre 80 en 1945 ! Certes 50 % du sol de France est encore travaillé. Mais ce ne sont pas les hectares qui votent ! Aussi, au moment où la question d'un troisième pacte agricole se pose, incluant l'énergie et l'écologie, la paysannerie est politiquement affaiblie. Certains peuvent encore, ici ou là, brûler un bâtiment public ou déverser du fumier dans la cour d'une sous-préfecture avant sa disparition. La question de la place nouvelle, forte et nécessaire des travailleurs du vivant, de la terre, du vent, du soleil, du bois ne se résoudra pas ainsi. Pour y penser solution, il faut replacer l'évolution paysanne au cœur de celle des autres usages du territoire et de son renouvellement imaginaire et politique.

## Une grande France

Depuis 1962 – 1962 seulement –, tous les départements français sont en France. Nos frontières ont un demi-siècle. Mais déjà nous les avions remises en mouvement en construisant l'Europe. D'abord une Europe dont nous fûmes le centre, géographique mais aussi politique. Le sol de l'Union fut sa base, comme le sol de France avait été investi sous la Troisième République de cette fonction stabilisatrice après la Commune de Paris. (La Révolution française fut, d'une certaine manière, la première grande réforme agraire au monde, que stabilisa le modèle de l'exploitation familiale propriétaire).

Même de Gaulle put accepter cela. Mais cette Europe-là ! Celle d'une grande France sans Angleterre et avec une Allemagne alors réduite au silence. Autre temps, autre imaginaire ; cette Europe-là s'est défaite avec le temps, avec des élargissements successifs et le retour tonitruant de l'Allemagne unifiée dans l'arène. La France, alors, commença un lent repli imaginaire sur elle-même. Le peuple de France refusa un référendum européen que les élites soutenaient. Le peuple… eut tort et on appliqua quand même indirectement le nouveau traité. Mais le syndrome Maginot à nouveau nous guetta car le peuple resta constant en cette affaire, et les élites, ne pouvant pas plus qu'hier prouver les bienfaits de leurs choix, se mirent à parler de populisme pour ceux qui ne partageaient pas leurs convictions. Comme si le vrai problème n'était pas que des élites issues du moule jacobin appuyé sur ses grandes écoles et ses partis politiques centralisés ne pouvaient prêcher le changement sans se réformer profondément elles-mêmes. À un monde plus ouvert, il faut des élites plus mobiles, plus locales et plus globales, plus entrepreneuriales, plus sécantes de l'ordre ancien. Il ne suffit pas d'avoir un accès de proximité à tous les grands médias pour comprendre le lointain et le proche, le divers et ceux qui travaillent avec leur corps. La bureaucratie d'État, et des appareils politiques, est antinomique d'une société souple et ouverte.

Certes, pendant ce temps, la terre de France, corps charnel de la Patrie, semble éternelle. L'horizon est immuable. Ou quasi. La ligne des Vosges est stable, le Rhin puissant, la Méditerranée nous tient à l'écart d'une Afrique agitée. Chaque année, à la même saison, on travaille dans la même pièce de terre. Les gestes se répètent. Souvent, le père, le père du père…, a travaillé là. En Provence, on parle de remembrance. Remembrement des mémoires et des destins, comme dans l'anglais *remember*. J'aime le mot. On en retrouve la marque dans les rêves de paysans largement nourris de cette rumination du geste répété et transmis avec une présence considérable de l'histoire collective. Dans chaque village, le monument aux morts de la Grande Guerre égrène les noms tragiques des familles locales éternelles. Chacun doit y être. C'est être du pays. Vraiment.

En fait, si tout semble toujours pareil, le récit qui lie le tout a bien changé. D'abord, les campagnes se sont dépeuplées. Henri Mendras a écrit « la fin des paysans ». Mais c'était il y a un demi-siècle. L'idéologie de la puissance fossile dominait encore le monde. Depuis, les campagnes se sont repeuplées. Parfois massivement, mais de non-agriculteurs : employés périurbains, retraités, ouvriers et cadres. La maison avec jardin fait rêver 75 % des Français, dont 50 % y ont accédé en cinquante ans – et 40 % d'entre eux en font une source de production alimentaire. Les campagnes ont gagné en dix ans, au début du XXI^e siècle, 10 % de population. Confondre ce mouvement d'art de vivre avec une France périphérique exclue comme le fait Christophe Guilluy (*La France périphérique*, Flammarion, 2014) est pour le moins radical, voire profondément idéologique. Certes, il ne reste que 336 000 fermes dites « professionnelles ». Le paysan dans sa ferme a éloigné ses voisins en s'agrandissant, sa compagne a souvent un autre métier, ses enfants étudient à la ville. Alors le maillage des fermes est devenu discontinu, quand la famille est moins agricole. Il y a des vides, des lotissements, des autoroutes et des TGV. Il n'y a plus la campagne. Mais des fermes. Dans certaines régions, elles se touchent encore. De moins en moins. Par contre, les liens entre fermes ont augmenté. On reçoit chaque jour sur son portable les cours du blé, ou du maïs, à la Bourse de Chicago. Téléphone, Internet, télévision, réunion à la coopérative ou à la Banque verte, groupements multiples, manifestations. Il faut faire corps par le rassemblement ou le virtuel, comme en contre-effet de l'isolement du quotidien. La classe paysanne est en cela sans doute, avec les fonctionnaires, la dernière classe sociale réelle, solidaire au-delà des différences, fille aînée de la France pourrait-on dire, avant tout autre statut. Elle tient toujours l'origine et son récit, l'aliment et le sol. C'est beaucoup. Mais moins l'imaginaire collectif et la politique. Et cette évolution induit une crise des industries agroalimentaires, qui étaient souvent la seule source d'emploi dans nombre de campagnes isolées. Les crises bretonnes illustrent douloureusement cette évolution. Même si une ligne d'éoliennes est apparue dans le lointain et que des capteurs solaires couvrent le toit des hangars. Comme le quatre-quatre, le tracteur a souvent quatre roues motrices.

Le repeuplement de la plupart des campagnes (sauf celles de grandes cultures où on ne construit pas et celles trop isolées), parallèle à la réduction du nombre de fermes, est lié au fait que, depuis 1945, la population française a augmenté de 50 %. Vingt-cinq millions de Français en plus, avec des maisons, des jardins, des usines et des routes. Et un glissement de la population vers le sud. Plutôt Toulouse qu'Amiens ! Sans parler des 85 millions de touristes étrangers, des trois millions de résidences secondaires. Et ces urbains rêvent de nature et de jardins, d'animaux domestiques et de forêt, de rivière et de paysans qui leur vendent ce qu'ils ont produit dans un lien affectif et purifié entre la terre et l'assiette. Ils rêvent d'AMAP, d'agriculteurs bio et de fermes périurbaines, quand les paysans, eux, rêvent massivement de chiffre d'affaires et de cours de Bourse – le plus grand nombre des exploitants du moins. Le tout de ce monde mérite respect et attention, mais le tout ne forme pas toujours un tout, ni pour les urbains, ni pour les ruraux. Les uns ne savent guère ce qu'ils mangent et ne voient que la garniture, les autres se pensent déjà industriels. Et face à des hommes de la terre en pleine mutation, la terre elle-même est réorganisée, réutilisée, transformée par les usages d'autres groupes sociaux. La paysannerie du village organisée par le national-républicain va devoir entrer dans cette société horizontale, mobile, ludique. Chemin difficile. Or c'est au cœur de ces chassés-croisés qu'il faut essayer de penser un nouvel imaginaire des territoires et les réformes territoriales, le rôle nouveau des communes, des métropoles, la fin programmée des départements et la construction d'immenses régions, souvent assez homogènes en termes agricoles. Il y a ici une chance à saisir pour l'agriculture. Mais elle peut aussi devenir résiduelle dans le champ politique si elle n'agit pas.

## Les territoires du politique

L'organisation territoriale française, enfant de 1789, est pétrie d'égalité de taille géographique entre les départements et d'égalité formelle des communes quelle qu'en soit la taille. Certaines sont d'anciennes paroisses, la grande majorité: les révolutionnaires avaient voulu les regrouper au niveau des cantons par unités de 5 000 âmes; ils pensaient commune cantonale. Mais la pression paroisso-communale et la France paysanne des notables de 1870 ont fait évoluer les choses autrement. Par ailleurs, les villes libres devinrent aussi communes, ce qui explique les énormes écarts d'échelles de peuplement entre communes – mais avec les mêmes droits et les mêmes responsabilités. Jamais les législateurs de 1792 n'ont voulu instituer une inégalité aussi flagrante entre 90 % des communes, où quasi chaque famille a un élu, et les grandes villes, où il y a de 5 000 à 8 000 habitants par élu. Derrière l'égalité formelle, donc, des écarts de puissance – et ce, dès avant l'exode rural – considérables. En réalité, cette organisation inégalitaire masquée par un discours égalitaire était possible parce que le vrai pouvoir était d'État et que la hiérarchie, de la dernière des sous-préfectures au ministère, était rigide. La démocratie était pour ainsi dire participative d'un État jacobin centralisé.

L'unité politique et culturelle à l'œuvre dans ce modèle était celle d'une République paysanne jacobine portée par un ensemble de valeurs et qui rapprochait les intérêts des propriétaires des champs et des propriétaires des villes. Le peuple le moins représenté était celui des grandes villes, qui, il est vrai, compensait cela par sa capacité à dresser des barricades en cas de besoin et à révolutionner le pays. C'est d'ailleurs justement pour cela que le pouvoir s'appuyait sur les campagnes, jugées politiquement « plus sûres » après la période de la Terreur, les révolutions du XIX<sup>e</sup> siècle et la Commune. Mais ce modèle politique a peu à peu perdu en efficacité quand, après 1933, les villes furent plus peuplées que les campagnes. Avec, après la Grande Guerre, un creusement considérable des écarts de peuplement et de richesse entre Paris et la province. La Ville Lumière brillant au firmament du monde renvoyait en vérité à l'ombre ses provinces et ses campagnes. La rareté des enfants et la stagnation économique de l'entre-deux guerres, avec des concentrations ouvrières dans les bassins miniers et autour de Paris, préparaient les conflits politiques des années trente et la défaite qui s'en suivit.

Cette France-là est bousculée par la guerre de 39-45. L'imaginaire des campagnes en est bouleversé. Au modèle vichyssois du retour à la terre s'oppose celui des résistants et des maquis. La mécanisation des fermes, avec l'arrivée des tracteurs, prolonge la mécanisation des armées. Les Trente Glorieuses sont celles de l'industrie et de la ville, de la culture pour tous, des guerres de décolonisation. Et du blocage culturel de l'ancienne société patriarcale que les années soixante vont bousculer. Soixante-huit, ici, reste un repère.

C'est alors que se prépare la décentralisation de 1981. Elle fut pensée avant le TGV, le téléphone portable et Internet. Nous étions loin les uns des autres. Les grandes concentrations ouvrières étaient en voie de réduction mais le mouvement n'était pas achevé.

La querelle entre Girondins et Jacobins pouvait rebondir en profitant encore d'un fort enracinement des gauches dans les grandes périphéries populaires du Nord et du Sud. Il y eut, dans ces lois de 1981, de la modernité mais aussi de la revanche des provinces et d'une gauche qui pensait ne faire que passer au pouvoir et qui donc en profita pour se tailler des bases futures d'action politique et économique.

Mais la société évolua d'une manière imprévue, et rapidement. TGV, Internet, mobilités croissantes et, justement, décentralisation impulsèrent une mue des grandes villes au moment où Paris, et l'Île-de-France, devenait une ville globale aux fonctions nouvelles, relationnelles, ludiques, culturelles, perdant peu à peu ses fonctions de production, qui ne purent résister à la pression et à la rentabilité des nouveaux métiers. Cela fut vrai dans Paris et de plus en plus dans la région parisienne. Aussi la carte économique de notre France a-t-elle été transformée en un quart de siècle comme jamais, car l'Île-de-France a « expulsé » une part de l'urbanité hier accumulée en son sein (en opposition aux villes « de province ») et l'essentiel de son industrie vers les régions – et parfois l'étranger. Le Paris artisan et ouvrier, Billancourt ou Aulnay n'ont pas seulement disparu parce que les processus de production ont changé, ils se sont aussi dilués dans l'espace et dans l'automatisation – et plus souvent en France qu'on ne le pense. D'ailleurs, la grande majorité des entreprises industrielles et des ouvriers sont aujourd'hui dans ce qu'on appelait hier le monde rural. Paris, avec l'Île-de-France, est une *global city* mais Lyon, Marseille, Grenoble, Toulouse, Nantes, Lille, Bordeaux, sont entrées dans le temps des grandes métropoles qui lient université, entreprises, culture, mobilités, art de vivre, innovations. Seulement, cette déroute industrielle de Paris obsède nos dirigeants, qui ne voient guère ce qui se crée et pleurent ce qui s'est perdu. Défendre l'industrie est certes positif mais son recul en termes d'emplois, parallèle à celui de l'agriculture, n'est pas en soi un problème si on sait accompagner l'évolution professionnelle des ouvriers. Rappelons que la France a aujourd'hui 4,5 millions de salariés de plus qu'en 1975.

Cette nouvelle organisation sociale et horizontale de la production et de la société, intégrée à un espace productif mondial plus ouvert, ne peut être pensée sans la mobilité qui a saisi la société. L'économie présentielle chère à Laurent Davezies, l'économie touristique et celle de la retraite ont favorisé le développement de territoires faiblement productifs mais accueillants en art de vivre dans certaines périphéries urbaines, des villes moyennes et des bourgs – et vers le Sud et les grandes régions touristiques. Pensons modèle posttouristique d'une quête d'un art de vivre plus ludique et d'une maison plus tribalo-familiale. La chance de la France est que ses régions attractives en art de vivre soient, en partie, distinctes des régions de production. Des régions hier dépeuplées se repeuplent, comme le Sud et l'Ouest. Les Anglais, les Italiens ou les Espagnols en rêveraient !

Ainsi, jamais avant cette triple pression, politique, économique et culturelle, la France n'a été aussi homogène depuis la révolution industrielle (c'est d'ailleurs cette homogénéité nouvelle qui rend plus bruyante et délicate l'intégration des immigrants des anciennes colonies et la naissance d'une France musulmane qui inclut environ 10 % des habitants). Homogénéité croissante avec, c'est vrai, un recul de la richesse agricole et rurale et de la production industrielle dans de nombreux petits bassins. Les métropoles produisent plus de 60 % de la richesse et il y a de forts déséquilibres entre anciennes régions industrielles (même rurales) et nouvelles régions en croissance. Schématiquement, une part de la production descend du Nord vers le Sud et l'Ouest et autour du grand Bassin parisien. C'est moins vrai vers l'Est.

Mais dans le même temps, la culture nouvelle de l'art de vivre a favorisé les centres urbains, boboïsés autour du patrimoine, de l'eau, des services, de la culture et des sorties urbaines facilitées par le TGV et les vols *low cost*. Les anciens quartiers ouvriers construits dans les années 1960-1970 sont peu à peu investis par les derniers immigrés qui prennent en charge l'entretien de la ville bobo – construction, sécurité, propreté, espace public. Les employés et les ouvriers ont quitté ces quartiers et ont massivement investi les anciennes campagnes périurbaines sur un modèle culturel des élites, comparable en art de vivre, mais à plus petite échelle : la maison avec jardin, clôture, point d'eau, barbecue et animal domestique ; ce triomphe du lotissement en zones périurbaines, de plus en plus loin des villes, souvent pour des raisons de prix du foncier, étant venu bousculer la culture politique du village, où régnait encore une légitimité paysanne, même réduite. Ce télescopage induit une crise politique du village, que signale le développement du vote extrémiste dans ces territoires – parallèle à son recul à l'intérieur des villes. Peuvent voter FN des habitants qui se sentent envahis par ces arrivées comme des habitants qui se sentent refusés dans l'ordre du village : certains cherchent de la ville étalée, on leur propose de la ruralité ! d'autres, le village de leurs anciens, on leur propose un monde périurbain. Cette réunion en un seul vote de deux inquiétudes opposées est fort curieuse et sans doute passagère. Comme elle fut passagère après 1981 dans les quartiers bourgeois, puis dans les « quartiers ». Mais il est vrai qu'alors on lança « la politique de la ville » qui transforma plus qu'on ne le dit ces fameux quartiers – sauf à Marseille.

C'est cette France profondément rééquilibrée par la décentralisation et un quart de siècle de mutation économique, en société numérique et collaborative, dont le gouvernement veut alléger l'organisation, restreindre les dépenses, augmenter les solidarités et accélérer le développement. Ce diagnostic est la base de tout. L'enjeu économique y est majeur, notamment vis-à-vis des entreprises de taille moyenne. Si, et seulement si, on y inclut les cultures locales et les appartenances héritées. Mais sans non plus en faire des paravents du refus du changement et de la défense de position acquise. Le Pays basque, le Béarn, le Queyras, l'Alsace même ou encore la Bretagne ne se sont pas dissous de n'être pas des régions pendant des décennies ! S'il faut respecter les territoires à forte mémoire, sans oublier que les héritiers de cette mémoire y sont quand même souvent minoritaires, cela n'impose pas d'en faire des territoires électifs. La République sait gérer des diversités culturelles dans un même cadre politique, c'est même le propre d'une société non communautaire.

Déjà en 1792 la Révolution française avait su, en créant les départements, nous réorganiser profondément tout en gardant beaucoup des cadres et des appartenances anciens. L'enjeu est le même. Mais là où il s'agissait de redessiner les formes du corps spatial de la Nation dans un moule républicain, notre question aujourd'hui est de restaurer une citoyenneté vraie, active, aux bonnes échelles et de se doter d'instruments de pouvoir économique proches du terrain dans un monde de mobilité, d'éducation, de liens entre le plus local et le plus global.

La question ne porte pas d'abord sur les frontières des territoires mais sur leurs moteurs de développement, en structurant nos appareils de décision autour des métropoles, *hubs* du développement entre entreprises, formation des hommes, gestion des investissements et des espaces. Nous avons entre 8 à 12 « moteurs » autres que Paris autour de grandes universités, de marché du travail réel, d'entreprises puissantes et en réseaux liés à la France, à l'Europe et au monde par des moyens de communication rapides. La loi sur les métropoles, enrichie d'un mode de scrutin direct, peut servir ici de base. Concernant les Régions, le débat s'est focalisé sur leur nombre. Le problème n'est pas là. Le paramètre principal est leur puissance financière et leurs compétences pour irriguer le développement de tout le territoire.

Mais ce primat des forts ne doit pas conduire à délaisser les plus fragiles. Les campagnes, les montagnes, la mer ont besoin, et ont droit, à des projets et à des moyens. Les territoires verts doivent compter en hectares plus qu'en hommes mais non disparaître. Les villes moyennes, les bourgs et les villages, avec leur qualité de vie, doivent être intégrés à la nouvelle vitalité locale. Ils sont souvent dynamiques et créatifs. La production de biens écologiques par les territoires peu peuplés est considérable. Mais acceptons que nous avons besoin d'une organisation plus simple, moins coûteuse, plus lisible, plus efficace, et qu'ici, la transformation des départements est la nécessité première. Une transformation de ce maillage intermédiaire, pas un effacement brutal. On doit pouvoir envisager de garder « les départements verts » comme maillage régional appuyé sur les intercommunalités mais pas sur les cantons. On doit lier les intercommunalités avec les élus à la Région sur le modèle de ce que l'on envisage pour les bassins de vie à l'intérieur des métropoles.

Mais hors les métropoles, c'est *encore* la ville, même si elle est étalée et discontinue. Et c'est là où les départements font blocage car ils pensent à contretemps de la métropole qui grandit. En termes de développement et de cohésion de politiques publiques, le couple métropole-Région est nécessaire pour que ne se constitue pas cette « anti-métropole » de périphérie où les extrémismes progressent faute de fraternité et de projet de vie. La crise majeure du politique est aujourd'hui *entre* la ville et la campagne, dans cette césure périurbaine construite dans le désordre depuis un demi-siècle. Le temps est venu d'y faire « de la ville » aménageuse et politique. Ce n'est pas uniquement un lieu de l'exclusion, il y a des fermes, des amoureux de la nature, des bobos dans les maisons anciennes, des salariés modestes ayant enfin accédé à la maison avec jardin, des pauvres aussi. Ce qui manque, c'est un corps politique porté par un projet pour cette ville étalée des extra-urbains.

Car plus que les hectares, ce sont les citoyens qui comptent. Or, à des citoyens qui parcourent en moyenne 30 kilomètres par jour autour de leur maison et dont 61 % travaillent hors de la commune où ils votent, on doit proposer une véritable refondation citoyenne territoriale : à nouveau un citoyen doit être « un actif habitant », et le travail, la production de richesse doivent redevenir des acteurs politiques locaux. Cette situation pousse à favoriser une échelle locale plus large que la commune, l'incluant : communautés de communes ou « Pays », et métropoles dans les grandes villes. Il est temps de mettre fin au déséquilibre démocratique existant. Temps, surtout, de penser la démocratie en société de mobilité et de flux et de sortir de l'évidence « d'une démocratie en stock d'habitants » qui a de moins en moins de sens. Car cette démocratie du sommeil uniquement résidentielle vide la démocratie de son sens et renforce le poids du logement sur les autres aspects du lien social.

Cette évolution de la carte territoriale des collectivités locales doit s'accompagner d'un nouveau mouvement de décentralisation en allégeant l'État et en le déjacobinisant dans sa culture propre et dans le recrutement de ses cadres. Pour faciliter cette évolution on pourrait commencer par fusionner les fonctions publiques d'État et celles des collectivités locales pour améliorer la mobilité des agents. Les services publics qui ont été transférés aux communes, départements et régions depuis 1981 ont été considérablement améliorés. L'amélioration de l'efficacité de l'action publique et la réduction des inégalités territoriales passent par la poursuite de la décentralisation, et l'État, pour se renforcer, doit se recentrer sur ses missions régaliennes et son rôle de stratège.

## Conclusion

Non-cumul des mandats, loi sur les métropoles, redécoupage des régions, logique des communautés de communes plus forte, évolution du département… Si on rapproche ces lois et ces projets, peu à peu se dessine un projet global. A-t-il été pensé et orchestré ? Difficile à dire, et, au fond, c'est de peu d'importance. Ce cheminement par tâtonnements, avec sans doute demain une réduction du nombre de députés et une dose de proportionnelle, avance entre les écueils, les débats, les positions, légitimes ou non, des uns et des autres. Nous ferons le bilan en 2017. Certes, j'aurais préféré pour la beauté du geste un grand dessein annoncé au départ et mis en large débat avec un ministre flamboyant. Mais il faut bien reconnaître que les freins auraient été tels qu'il y a de forts risques que cela n'eût aboutit à rien.

Ce qui est sûr, c'est que nous sommes engagés dans une réforme importante. L'hypertrophie parisienne, le poids de la bureaucratie d'État et des grands corps ne vont certes pas reculer, mais l'organisation des provinces va leur donner puissance et projets.

D'autant qu'il est probable que se développent des cultures de coopération entre régions sur des axes Nantes-Bordeaux et Lyon-Marseille, Île-de-France-Normandie en particulier. La question qui reste posée est celle de la voie (et de la voix) paysanne. Va-t-elle arriver à profiter de ces grandes régions pour s'affirmer ? Le président de la chambre régionale d'agriculture va-t-il trouver sa place ? Les organisations départementales reculer ? En réalité, la réponse à ces questions dépend largement de la capacité du monde agricole à incarner et à porter le nouveau pacte agricole que la société attend. L'idéologie du tout-fossile recule, l'écologie urbaine ne s'est pas renforcée et l'écologie peut donc être rapprochée du monde de la terre si le monde de la terre le veut et l'entend ; la demande culturelle de circuits courts croît et peut servir de relais de confiance avec les producteurs de grandes cultures ; la plupart des villages sont en crise de projet et de modèle de vivre ensemble, ce qui ouvre un espace à une action politique nouvelle. Autrement dit, c'est l'évolution du champ idéologique que porte la culture paysanne qui peut favoriser – ou non – le fait que ce milieu trouve à profiter des réorganisations en cours. Une solidarité plus horizontale avec la société générale et une demande moins forte vis-à-vis de l'appareil vertical de l'État central dans une perspective européenne sont des orientations possibles. Aux acteurs de faire leurs choix.

# Le Prince et le Paysan sur un territoire commun

*Dominique Reynié*
*directeur général de la Fondation pour l'innovation politique*
*et professeur des universités*[*]

Qu'est-ce qu'un territoire ? Pour répondre à la question, suivons le dictionnaire du grand Littré. Il nous dit d'abord que *territorium*, l'origine latine de ce mot, vient de *terra*, qui signifie la terre. Or le même dictionnaire nous dit ailleurs que l'agriculture est « l'art de cultiver la terre », et que « cultiver », si nous le suivons toujours, c'est « travailler la terre pour lui faire produire les végétaux utiles aux besoins de l'homme et des animaux domestiques ». Un territoire serait donc une parcelle de terre où l'œuvre de l'homme se destinerait aux tâches les plus essentielles en suivant l'art de cultiver la vie. Si Littré parle d'un

---

[*]    Diplômé de l'Institut d'études politiques de Paris, docteur en sciences politiques et agrégé de sciences politiques, Dominique Reynié est professeur des universités à Sciences Po. Il a reçu le prix du livre politique 2012 et le prix des députés 2012 pour son dernier ouvrage, *Populismes : la pente fatale*, qui a fait l'objet en 2013 d'une édition de poche, revue et augmentée : *Les Nouveaux Populismes*, Fayard.

« art », c'est pour désigner « une manière de faire une chose selon [une] certaine méthode », laquelle, nous le comprenons, procède d'une pluralité de comportements, de compétences et de capacités telles que l'expérience, l'observation, la connaissance, l'organisation, l'innovation, etc. S'il faut définir l'agriculture comme un art de cultiver la terre, il y a aussi, nous dit Littré, un « art de gouverner un État », que l'on nomme la « politique ». Pour finir, l'agriculture et la politique semblent se rejoindre autour du territoire, que Littré présente comme « une étendue de terre qui dépend d'un empire, d'une province, d'une juridiction ».

## L'État et l'agriculture sont deux manières d'instituer un territoire

Le lecteur aura noté que le territoire est une « étendue de terre » caractérisée par le fait qu'elle relève d'une autorité. L'appropriation ou la possession place cette étendue sous la domination d'une puissance, privée ou publique, qui a la capacité d'agir sur cette partie ou d'en déléguer le droit, par exemple à un locataire. Le territoire est un espace moins circonscrit par sa délimitation que par la manière dont les hommes l'organisent et le mettent à profit, pour en tirer les ressources nécessaires à la vie, dans le cas de l'agriculture, ou pour y exercer un droit de propriété ou une autorité sur les hommes qui l'habitent, dans le cas d'un État.

L'État et l'agriculture sont deux manières d'instituer un territoire. L'une et l'autre sont inséparables même si l'agriculture et l'État ont chacun sa manière propre de prendre possession d'un espace, d'exercer sur lui une maîtrise, de le territorialiser. Le lien est profond, non seulement parce qu'il est ancien mais parce qu'il procède d'un rapport de nécessité, car l'État nomade n'existe pas ; l'apparition de l'État requiert la sédentarisation des sociétés humaines ; or la sédentarisation est la conséquence de l'agriculture ; c'est l'invention du travail de la terre qui fixe les sociétés humaines en leur permettant d'organiser les conditions nécessaires à leur existence et de se libérer de l'extrême fragilité attachée à l'économie de prédation (cueillette, chasse et pêche).

Littéralement parlant, l'agriculture installe l'humanité. En rendant les hommes capables de produire les ressources indispensables à leur existence à l'intérieur d'un territoire limité, elle leur donne les moyens de s'approprier un lieu de résidence durable à l'échelle d'une vie. La possession foncière commence ici sa longue histoire tourmentée. Elle engendre un droit formel, par les contrats de vente et les titres de propriété. De cette unité de lieu découle la possibilité de bâtir. Les cités peuvent apparaître. Dans l'histoire de l'humanité, il semble que les premiers écrits soient des titres de propriété, des contrats de commerce, des livres de comptes, des inventaires où l'on consigne le nombre des sacs de grains et des têtes de bétail. Ces documents, des tablettes d'argile couvertes de pictogrammes puis d'une écriture cunéiforme, sont apparus, vers 3300 avant J.-C., dans le monde sumérien, l'actuel Iraq ravagé depuis dix ans par des guerres atroces. Le passage du nomadisme à la sédentarisation libère la dynamique de l'histoire et du changement social. Au-delà de la dépendance extrême attachée à l'économie de prédation et au-delà du cycle réitéré des saisons, les sociétés humaines commencent à dessiner leur futur. Cette disponibilité nouvelle appelle la formalisation de la volonté, l'organisation de l'action, puis l'idée de la *politique* et du *gouvernement*.

Il existe ainsi une sorte de parenté, voire de filiation, entre l'agriculture et la politique. La maîtrise d'un territoire par une autorité qui y exerce son commandement – l'État – ou par le travail de la terre – l'agriculture – relève d'un effort semblable d'ordonner, d'organiser et de conditionner la vie humaine. Comme le Paysan, le Prince façonne la parcelle qu'est son royaume ; il l'aménage, la met en exploitation, exerce ainsi sur elle une forme d'emprise et de domination.

## L'État est souverain, l'agriculture est vitale

Toutefois, l'État est souverain ou il n'est pas. L'autorité du Prince sur un territoire se caractérise par le fait qu'elle ne peut être que si elle est la plus haute. Il y a donc nécessairement un lien de subordination entre l'agriculture et l'État. Le Paysan ne peut agir pour son propre compte que s'il agit aussi pour le compte du Prince. Mais la subordination n'est pas tout le lien. Il existe une sorte de division du travail. L'État assure la mise en ordre d'un territoire que l'agriculture met en exploitation, produisant les ressources essentielles à la vie des hommes et de leurs animaux domestiques mais dont une partie sera captée par le Trésor public. L'agriculture est une ressource pour l'État. Le lien de dépendance peut donc aussi bien s'inverser; sans l'agriculture, l'État n'est plus rien qu'une bande armée contrainte de défendre sa vie contre les assauts d'une multitude furieuse; il n'y a pas de monarque sans sujets obéissants et il n'y a pas de sujets obéissants sans la capacité de les nourrir. Les révoltes frumentaires qui jalonnent l'histoire montrent assez quel rôle essentiel joue l'agriculture dans la construction, la stabilisation ou l'effondrement de l'autorité politique. Au XVIIᵉ siècle, les grands théoriciens italiens de la raison d'État ont montré avec clarté que la soumission à l'autorité du Prince ne peut pas être garantie en recherchant l'amour du peuple, car il est dans la nature de ce sentiment de pouvoir cesser unilatéralement; elle ne peut pas non plus être garantie par la crainte que le souverain inspirerait à son peuple, car la crainte finit par devenir insupportable et provoquer les révoltes ou les coups d'État que l'on cherche précisément à éviter; finalement, il devient admis que la prospérité économique du peuple garantira plus sûrement que tout son obéissance à l'État, parce qu'elle ne sera pas fondée sur des sentiments, comme l'amour ou la crainte, mais sur des intérêts.

Chez nous, l'inoubliable politique de Sully, au XVIIe siècle, résumée par son mélodieux « labourage et pâturage sont les deux mamelles de la France », est restée dans nos mémoires parce qu'elle donne à voir sur quoi et sur qui le souverain, ici Henri IV, fonde sa puissance. Au XVIIIe siècle, François Quesnay et ses disciples théorisent la « physiocratie », le pouvoir par la nature, en considérant que toute l'économie de l'État réside dans l'agriculture, seule capable de réaliser la prospérité de tous, la puissance de la nation et la solidité du pouvoir. Le Prince et le Paysan sont deux figures certes de rang inégal, puisque l'État est souverain, mais plus dépendantes l'une de l'autre que concurrentes. Deux siècles après Sully, ce n'est plus la monarchie mais la République qui vient soutenir l'agriculture nationale. En 1881, Gambetta réorganise le ministère de l'Agriculture. En 1912, les directions départementales des services agricoles voient le jour. Le Génie rural est créé en 1918. C'est l'époque où Herriot affirme que « la France est un champ ». Les chambres d'agriculture sont instituées en 1924, et ainsi de suite. Il en reste quelque chose de nos jours puisque l'on se plaît à constater que non seulement le président mais aussi tout candidat sérieux à la présidence de la République doivent réussir le rite national marathonien qu'est devenu le Salon de l'agriculture.

## L'État et l'agriculture, de la complicité à l'incompréhension

En 1946, l'agriculture représentait 36 % de la population active et ne parvenait pas à nourrir une population française de 40 millions d'habitants ; aujourd'hui, avec 4 % des actifs, l'agriculture est capable non seulement de répondre aux besoins de 65 millions de Français, mais aussi d'exporter à travers le monde. Au cours de la seconde moitié du XXe siècle, la France et son agriculture se sont donc profondément transformées pour devenir capables de telles performances. Ces changements étaient peut-être inscrits dans l'histoire. Au moins ont-ils été précipités par la reconstruction et le plan Marshall avant d'être amplifiés par la construction européenne, qui a fait du vieux continent une sorte de territoire supplémentaire pour tous les États membres, doté d'une puissance publique transnationale productrice de politiques publiques dont la première et la plus puissance est précisément la Politique agricole commune (PAC), à partir de 1957. L'attachement de l'État français à bâtir un ordre supranational européen chargé avant tout, et longtemps presque exclusivement, d'impulser un programme ambitieux en matière d'agriculture illustre la force et la qualité des liens qui unissent alors le monde politique au monde paysan.

Les relations vont cependant se modifier. Au cours des années 1960-1970, l'urbanisation et le développement fulgurant du secteur des services changent le visage du pays et l'idée que l'État se fait des sources de sa puissance. Peu à peu, la France des villes supplante la France des champs ; la politique porte le témoignage de ce changement d'époque marqué sociologiquement par l'arrivée des socialistes au pouvoir, en 1981. La gauche est le parti des faubourgs et de leurs ouvriers, non celui des campagnes et de leurs paysans. L'État et l'agriculture ne se comprennent plus aussi bien qu'autrefois. Les années 1980 voient émerger une crise budgétaire structurelle qui entame le lent travail de sape des capacités de la puissance publique dont on voit les effets aujourd'hui. Les changements culturels et sociaux, la crise budgétaire puis la globalisation fomentent une histoire où les deux destins semblent pouvoir diverger : d'un côté, l'agriculture poursuit son déploiement, sur le territoire désormais planétaire d'une compétition économique intense où la science et la technologie jouent un rôle croissant, puisque le territoire n'est pas extensible à l'infini ; de l'autre côté, l'État semble au contraire se rétracter, devenir plus petit, se perdre dans des difficultés domestiques qui le rendent de moins en moins capable de maintenir le niveau de sa puissance à l'intérieur et de son influence à l'extérieur.

Les relations entre le monde agricole et l'État se distendent au point que lorsque le chef de l'État, François Hollande, reçoit, le 5 novembre 2012, un rapport intitulé *Pacte pour la compétitivité de l'industrie*, le rapport Gallois, il n'y trouve aucune mention de l'industrie agroalimentaire, comme si elle n'existait plus[1]. Sur un autre plan, les réformes de l'État donnent au monde rural le sentiment d'être oublié, voire sacrifié : l'étiolement des services publics dans les territoires périphériques et ruraux alimente une sourde protestation, tandis que les projets de redécoupage territorial, dominés par la métropolisation et l'idée d'en finir avec les petites communes et les départements, semblent dissimuler le projet de reléguer l'agriculture aux arrière-bans de la représentation politique. Au plan européen, le déclin de la PAC témoigne d'un État moins préoccupé que jamais par le sort de ses agriculteurs, ou moins capable de les défendre.

Tout se passe comme si l'on voulait faire de l'agriculture le seul secteur contraint de renoncer aux ressources du progrès de la connaissance et de l'innovation scientifique, dont chacun pourtant s'accorde à dire la nécessité vitale dans l'économie

---

1. À part ces mots, p. 11 : « certains produits agroalimentaires ».

globalisée. Les recherches sur les biotechnologies et les organismes génétiquement modifiés (OGM) ont été purement et simplement brisées dans leur élan par un pouvoir politique davantage intimidé par des minorités tyranniques que soucieux de précaution ; la puissance publique a pris la lourde responsabilité d'interdire les progrès que tous les pays concurrents mettent au jour et s'approprient à grande vitesse. Un point de paroxysme est atteint lorsque l'État n'est même plus capable d'empêcher le saccage des propriétés agricoles et des laboratoires de recherche agronomique. L'un des droits de l'homme et du citoyen, le droit de propriété, est allègrement bafoué, tandis que la recherche agronomique est abandonnée. En arrachant les plants expérimentaux de l'INRA, les militants anti-OGM n'ont pas seulement fini par détruire le travail scientifique, mais ils ont aussi préparé les conditions d'un affaiblissement durable de l'agriculture nationale et européenne. Enfin, ils ont conforté, de fait, les profits et les tendances monopolistiques de grandes compagnies internationales dont ils se disent les adversaires.

C'est peut-être ici que se manifeste avec le plus d'éclat la dégradation des relations entre l'État et l'agriculture, car nous ne reconnaissons plus la France vaillante de 1839 qui mettait sur pied un comice agricole par canton afin d'encourager le développement de l'agriculture et de l'innovation, ou qui donnait le jour, en 1876, à l'Institut national agronomique. Aujourd'hui, dans sa préférence pour des groupes sans compétence scientifique ni légitimité démocratique, l'État semble accepter de prendre le risque d'hypothéquer l'avenir de l'agriculture française dans la compétition internationale. L'idéologie néo-environnementaliste de la précaution dégrade peu à peu la compétitivité acquise de haute lutte par notre agriculture, entraînant des pertes de parts de marché qui se font aussi au détriment de notre balance commerciale pourtant très déficitaire. La décision de l'État de renoncer aux recherches sur les OGM contraindra les agriculteurs de demain à dépendre de brevets mis au point aujourd'hui partout dans le monde sauf en France. Ce faisant, l'État participe activement à l'érosion du consensus national qui a longtemps protégé et porté l'agriculture française.

## L'État et l'agriculture doivent retrouver la complicité qui fait leur force

Pourtant, les destins de l'un et de l'autre ne sont pas moins liés aujourd'hui qu'hier. Il est difficile de ne pas voir que le XXIe siècle consacrera le triomphe de l'agriculture. Entre 2000 et 2010, la richesse mondiale a été multipliée par 2 ; depuis 1990, l'espérance de vie dans les pays pauvres a progressé de 9 ans en moyenne contre une hausse moyenne, tous pays confondus, de 6 ans (OMS). Par ses effets d'enrichissement, la globalisation accentue donc la hausse de la demande de produits agricoles, qui ne tient plus seulement à l'augmentation du nombre d'humains – de 3 milliards en 1950 à 7,2 milliards en 2014 et autour de 10 milliards vers le milieu du XXI$^e$ siècle. Ce défi alimentaire et politique concerne d'autant plus la France qu'il est admis que la moitié de cette croissance sera le fait du continent africain. Comment ne pas aider les Africains à se nourrir? Comme toujours, les enjeux agricoles débordent largement l'agriculture. À travers cela, il s'agit aussi de bâtir l'Eurafrique, de donner au monde méditerranéen l'architecture qu'appellent les innombrables liens humains, économiques et culturels entre des pays réunis par un même territoire, fait d'histoire autant que de géographie. L'enrichissement du monde est relatif mais il est indéniable. Il conduit les populations des pays émergents à consommer une alimentation plus riche, plus variée et plus sûre. Nourrir un monde de plus en plus peuplé et protéger la nature ne constituent plus deux nécessités contradictoires mais l'opportunité historique de donner le jour à une agriculture réinventée, durable et prospère. Cela passe aussi par la recherche scientifique, dont l'État doit libérer l'immense potentiel, à l'image des grands pays agricoles du monde. L'impossible extension des territoires fertiles et l'obligation de ne pas les épuiser nous amènent à solliciter les progrès de la connaissance.

Pour l'agriculture française, c'est un marché immense qui s'ouvre ; pour l'État, c'est la promesse de ressources économiques et financières considérables ; c'est aussi l'opportunité de reconquérir une partie de l'influence perdue, car il est probable que le « pouvoir vert » sera, demain plus encore qu'aujourd'hui, l'un des grands leviers de la politique mondiale. Nourrir le monde répond aussi à la nécessité d'œuvrer à la stabilisation de pays émergents en rapide transformation. L'agriculture et la politique conservent ce même lien. La misère et la faim engendrent les radicalités politiques ou religieuses. L'agriculture est une force de paix. Par sa puissance de production acquise et par celle qu'elle peut encore acquérir, elle servira aussi la stabilisation du monde. Comment conserver notre voix dans le monde si nous ne conservons pas les moyens de la faire entendre ? L'intérêt de l'agriculture rejoint aussi celui de l'humanité en favorisant un meilleur équilibre du pouvoir planétaire, si la possibilité d'exporter les biens alimentaires est partagée entre une pluralité de nations – dont quelques-unes sont dotées de régimes démocratiques – et non pas concentrée entre de très grandes puissances qui pourraient céder à la tentation du despotisme alimentaire.

Pour la France, la prospérité économique et la force politique passent par l'agriculture. C'est pourquoi l'État et l'agriculture doivent retrouver ce lien de complicité qui les a tant servis mutuellement.

Il revient aux acteurs de cette relation de comprendre que l'agriculture est aussi créatrice d'emplois sur l'ensemble de sa filière agroalimentaire, par la chimie verte, les biomatériaux, la pharmacie, etc. Ce n'est pas nouveau. Dans son *Testament politique*, le cardinal de Richelieu rappelait que l'art de cultiver la terre n'a pas pour seule finalité de nourrir les hommes ou les animaux domestiques : « La France est si fertile en blé, si abondante en vins et si remplie de lin et de chanvres pour faire les toiles et cordages nécessaires à la navigation que l'Espagne, l'Angleterre et tous les autres voisins ont besoin d'y avoir recours et, pourvu que nous sachions nous bien aider des avantages que la nature nous a procurés, nous tirerons l'argent de ceux qui voudront avoir nos marchandises qui leur sont si nécessaires[1]. »

1. *Testament politique*, chapitre IX, section sixième, Paris, Complexe, 1990, p. 112.

# Face à la pression des flux sur les lieux, quelle reconfiguration des territoires?

*Olivier Mongin,*
*éditeur et écrivain**

Pourquoi recourir à la notion de flux pour évoquer le devenir planétaire et la place que doit y prendre l'agriculture? En ethnologue avisé, Claude Lévi-Strauss avait déjà évoqué dans *Tristes tropiques* les flux qui sous-tendent la nature et la culture afin d'examiner leurs intrications et relations. Dans l'optique privilégiée dans *La Ville des flux*[1], l'accent mis sur les flux dans le cadre de l'urbanisation contemporaine n'a cependant de sens que si on les associe à une réflexion sur la mondialisation historique en cours.

---

* Éditeur, directeur de publication de la revue *Esprit*, co-animateur de la revue *Tousurbains* (PUF), vice-président du syndicat de la presse culturelle et scientifique. A publié entre autres : *Vers la troisième ville ?* Hachette, 1995 ; *La Condition urbaine. La ville à l'heure de la mondialisation*, Seuil, Points, Poche ; *La Ville des flux. L'envers et l'endroit de la mondialisation urbaine*, Fayard, 2013.
1. Olivier Mongin, *La Ville des flux. op. cit.*

Deux remarques s'imposent d'emblée : d'une part la dynamique propre à la mondialisation contemporaine, la troisième sur le plan historique après les grandes découvertes de la période de la Renaissance et la révolution industrielle, ne peut se résumer à la seule mondialisation économique et donc aux seuls flux de marchandises (matières premières, énergie, fret, etc.) et flux financiers. La mondialisation comporte en effet d'autres ressorts et dimensions qui doivent être associés, dans la plupart des cas, à des types spécifiques de flux. La plus manifeste est la dimension migratoire : les flux de population sont plus importants que jamais alors même que nous assistons à la dernière génération de migrants qui montent « du village à la ville[1] » et que les réfugiés politiques ou climatiques[2] modifient la carte du monde. À ces flux de population il faut ajouter les mouvements de population liés au développement du tourisme et au marché de la culture (patrimoine et musées).

Mais le facteur décisif, indissociable d'une révolution technologique majeure dont on anticipe encore mal les conséquences à venir, est la révolution numérique qui « met en réseau » la planète. Indissociable de ces trois dimensions – l'économie, les mouvements migratoires et la technique –, la mondialisation

---

1. Doug Saunders, *Du village à la ville*, Seuil, 2011.
2. Sur la pluralité des catégories de réfugiés et leur « géographie », voir les travaux de Catherine Wihtol de Wenden.

débouche *de facto* sur un type d'urbanisation qui conduit à parler d'un univers « post-urbain » où s'impose le paradigme de « l'après-ville[1] ».

Un retournement décisif s'est donc opéré ces deux dernières décennies : les flux jouent désormais un rôle majeur, au point de l'emporter sur les divers lieux et territoires sur lesquels ils exercent une pression plus ou moins forte. Nous vivons désormais dans un univers « liquide », plus marqué par la fluidité maritime que par les aspérités terrestres[2] : alors que des ports comme Venise, ou des villes hanséatiques, formaient un réseau entre eux, ce sont désormais les réseaux qui réorganisent les pôles et territoires à l'échelle mondiale. Aux réseaux que les villes tissaient entre elles ont succédé « les villes en réseau ». L'espace urbain, si l'on s'appuie sur le seul exemple de la ville européenne, ne marque plus une césure avec les territoires non urbanisés qui lui sont par définition extérieurs, elle se caractérise par l'absence de limites (puisque les flux sont illimités) et divers facteurs qui sont autant d'accélérateurs des flux.

Tout d'abord, l'urbanisation se développe à une vitesse inimaginable au début du XXᵉ siècle en raison du ressort démographique qui affecte la totalité des pays et des continents de la planète : à l'heure qu'il est,

1. Voir Françoise Choay, *Pour une anthropologie de l'espace*, Seuil, 2006.
2. Voir Zygmunt Bauman, *La Vie liquide*, Hachette, Pluriel, 2013.

la croissance des populations au sein des grandes mégapoles sud-américaines est de nature endogène, la montée « du village à la ville » ne concernant plus que la dernière génération de paysans dans le Sud-Est asiatique ou en Afrique. Ensuite, la connectivité (indissociable de la circulation et des déplacements) a pris le relais du fonctionnalisme propre à l'urbanisme industriel : alors que l'univers industriel s'organisait autour d'une pluralité de fonctions diverses (travail, logement, loisirs, transports…) sur le plan urbain et que les transports (à commencer par la voiture et le train) étaient les principaux marqueurs de la mobilité, celle-ci (et donc les flux qui en sont la matrice) est aujourd'hui le moteur de l'ensemble des fonctions : le travail de plus en plus flexible, la résidence de plus en plus mobile et les loisirs une source de nomadisme. Indissociable des flux (matériels et immatériels) et des déplacements de population, la mobilité et les flux sont donc les « éléments moteurs » de la mondialisation et de « l'urbanisation généralisée et diffuse » qui est en cours.

Loin de céder à l'illusion de la cité virtuelle, une utopie technologique ! et de céder à un pessimisme anthropologique[1], il est indispensable de saisir, au-delà de la diversité des scénarios urbains possibles

_____

1. Pour Françoise Choay, par exemple, la Révolution technique liée aux nouvelles technologies est une rupture plus décisive que celle qui a marqué la Révolution industrielle.

(recréation de limites dans une urbanisation dynami-
sée par des flux de tous ordres[1]), que la prévalence des
flux (mais aussi la place prise par le virtuel) réorganise dans ce « nouveau monde industriel » (Pierre
Veltz) les territoires physiques et sensibles, qu'ils
soient cultivés ou non (campagnes, forêts, déserts).
De cela, il résulte deux conséquences : l'urbanisation
de l'ensemble des territoires et des paysages, et le rôle
majeur de la connectivité.

En ce qui concerne le premier point, le géographe
Augustin Berque a remarquablement résumé « l'état
des lieux » : « L'urbain diffus qui succède au monde
urbain ne peut pas faire monde à son tour – comme
la campagne l'avait fait par rapport à la forêt, puis
la ville par rapport à la campagne –, non seulement
parce qu'il n'est plus viable écologiquement, mais, en
outre, parce qu'il n'a plus aucune limite qui puisse
l'instituer comme tel. Il ne peut exister, il est acos-
mique. C'est dire qu'il nous faut reprendre le problème à la source : à partir de la terre[2]. » Bref, la
mondialisation urbaine « ne fait plus Monde » car

1. Afin de ne pas souscrire à l'hypothèse d'une urbanisation homogène
et indifférenciée ou à celle du chaos généralisé, on peut évoquer des
scénarios qui s'organisent autour des deux thèmes contrastés de la
limite et de l'absence de limites ; je propose d'en examiner huit dans
*La Ville des flux*, *op. cit.*
2. Augustin Berque, « Le rural, le sauvage, l'urbain », in *Le sens du
rural aujourd'hui ? 50 ans d'une revue dans le monde, Études rurales*,
n° 187, 2011, p. 51-62.

elle se passe de toute forme de limite et elle a aspiré tous les types de territoires – si l'on admet que l'urbanisation n'est pas seulement liée aux espaces effectivement construits mais à la diffusion des mœurs urbaines à l'échelle planétaire.

C'est pourquoi il est essentiel de s'interroger sur les nouvelles configurations qui se mettent en place sur le plan des paysages et des territoires. Trois types de lieux s'imposent, qui se distinguent des ensembles urbains d'hier – ceux qui se démarquaient de la campagne, de la forêt et du désert – et qui font écho à la révolution technique (celle du virtuel, du numérique et des réseaux) puisque ce qui se passe dans l'univers virtuel est ce qui se passe analogiquement dans un univers physique et matériel : les « hyperlieux » qui renvoient aux connexions, les « non-lieux » (ceux qui correspondent à la fois à la piraterie des hackers et à celle des naufrageurs du détroit d'Ormuz) et les « milieux[1] ». Seuls ces derniers permettent de repenser des limites (et donc des territoires et des paysages) dans les termes de limites qui ne soient pas séparatrices mais intégratrices afin de résister à la décontextualisation qui est la tendance lourde à l'échelle de l'urbanisation planétaire.

Bref, le mot d'ordre contemporain n'est pas par hasard : « le site précède le programme ».

---

1. Voir Augustin Berque sur la « mésologie » : *Écoumène. Introduction à l'étude des milieux humains*, Belin, 2000.

Une interrogation sur les grandes cultures et les territoires agricoles, à commencer par celle qui porte ici sur les céréales, exige alors de réfléchir à cette reconfiguration inédite des lieux et à privilégier en conséquence la notion de « milieu » dont la finalité est de redessiner des territoires dans un univers des flux qui a perturbé de fond en comble l'organisation des espaces et des paysages. En effet, dans un cadre historique et géographique inédit, celui de l'urbanisation généralisée contemporaine, le paradigme n'est plus celui d'une montée centripète vers la ville, d'un passage du village à la ville, mais celui d'un retournement copernicien qui affecte tous les territoires urbains (centralités plus ou moins denses, périphéries, territoires agricoles, friches). La question n'est pas de défendre un territoire agricole à la marge de l'univers des flux qui est celui d'une « métropolisation généralisée[1] » mais de repenser les conditions de réémergence de territoires agricoles dans cet univers urbain diffus, protéiforme et généralisé qui caractérise l'évolution de la planète. L'alternative se joue entre le scénario de « la terre qui meurt[2] » et celui de la possibilité de recréer des « milieux » (agricoles, céréaliers, forestiers). Comme le dit le paysagiste Michel Corajoud,

---

1. Sur ce point, voir Michel Lussault, *L'Homme spatial*, Seuil, 2007, et *L'Avènement du monde. Essai sur l'habitation humaine de la Terre*, Seuil, 2013.
2. Françoise Choay, *La terre qui meurt*, Fayard, 2011.

le véritable « monument » contemporain est la nature elle-même, au sens où il s'agit non pas de protéger des territoires cultivés (agricoles ou non) de l'urbain mais de recréer des limites et des paysages dans un univers qui a muté radicalement du fait de la prévalence des flux. Ce qui signifie refaire de la campagne, de la forêt, voire du désert, alors que la mondialisation urbaine en cours impose ses règles et ses dérèglements. Ce qui ne sera bien sûr pas sans conséquences sur le devenir planétaire de la démocratie si l'on admet que « l'urbain » ne peut être dissocié de l'urbanité et l'*urbs* de la *civitas*.

Dans ces conditions, le territoire céréalier n'est pas un territoire parmi d'autres dans cette nouvelle configuration planétaire. Le « milieu » céréalier doit donc dégager des spécificités qui exigent désormais de prendre en considération son double lien avec le global et avec le local. Premier point : globalisé, le milieu céréalier l'est en raison même de l'intensification des flux migratoires et de l'impératif démographique qui met en avant les demandes de nourriture et les besoins de la population mondiale. Mais, c'est le deuxième point, la constitution d'un milieu céréalier qui passe nécessairement, en raison des modalités de la production (aléas du marché et vitesse des transports) par des connexions (ports, gares, aéroports) ne doit pas contribuer à survaloriser ces connexions qui sont *de facto* des facteurs de décontextualisation. Dès lors, et c'est le troisième point, le milieu céréalier (dont on comprend qu'il renvoie aussi à une sociologie et à des responsabilités *ad hoc*) doit, au sein même de notre univers urbanisé, susciter des équilibres et créer des milieux qui ne renforcent pas un monde à plusieurs vitesses et décontextualisé. En raison même des exigences de la culture céréalière qui passe par des temporalités, des cycles et des terres singulières, celle-ci doit être un facteur de maturation des milieux agricoles qui se renouvellent aujourd'hui. Ainsi, le milieu céréalier, si l'on veut faire écho au moment historique, ne peut que privilégier des terres que l'on qualifiera comme des milieux en transition qui ne peuvent mettre entre parenthèses ni le global, ni le local. En ce sens, l'avenir céréalier est bien devant nous et déterminant.

# Les territoires métropolisés dans la troisième révolution industrielle à l'horizon 2030

*Christian Saint-Étienne,*
*économiste**

La troisième révolution industrielle, commencée dans les années 1980 et qui s'accélère depuis les années 1990 et 2000, nous fait entrer dans une *iconomie* entrepreneuriale. Chaque mutation technique conduit à une nouvelle hiérarchisation des puissances et des territoires. Ne pas comprendre la nature des transformations en cours peut conduire à l'oubli ou à l'insignifiance. En revanche, comprendre ces transformations peut permettre à n'importe quel territoire de s'inscrire dans la mutation à l'œuvre.

## L'iconomie entrepreneuriale

*L'iconomie entrepreneuriale* nomme le nouveau système technique issu de la troisième révolution

* Professeur titulaire de la chaire d'économie au Conservatoire national des arts et métiers et auteur de *L'Iconomie pour sortir de la crise* (Odile Jacob, 2013).

industrielle en cours. L'*iconomie entrepreuriale* – *i* comme intelligence, informatique, Internet, innovation – est le fruit de trois nouvelles formes de production et de distribution :

– l'économie de l'informatique, de l'Internet et des logiciels en réseau, qui s'appuie sur les progrès foudroyants de la microélectronique ;

– l'économie entrepreneuriale de l'innovation ;

– l'économie servicielle des effets utiles, qui n'est elle-même concevable qu'en faisant appel aux nouvelles technologies informatiques et de communication permettant de créer des assemblages de biens et de services gérés en temps réel par de puissants logiciels en interaction avec le client. On parlera d'industrie des effets utiles.

Le cœur de cette *iconomie entrepreneuriale* est une *industrie informatisée des effets utiles* mue par des entrepreneurs réalisant des assemblages de biens et de services grâce à des modèles d'affaires intégrant de puissants logiciels dans des logiques de service personnalisé rendu au client final. Avec l'avènement de l'*iconomie entrepreneuriale*, nous passons d'un monde 2.0 à un monde 3.0.

L'*iconomie entrepreneuriale* est le fruit d'une mutation technique hyperindustrielle, hyperentrepreneuriale et hypermobile qui nécessite d'être largement financée par des fonds propres au vu des risques encourus.

L'industrie change de nature. Compte tenu de la grappe d'innovations dominante dans ce troisième système technique, l'industrie est redéfinie comme toute activité à base de processus normés et informatisés. Ainsi, la banque, l'ingénierie ou la logistique font partie de l'industrie dans la troisième révolution industrielle. Toutes les catégories statistiques vont devoir évoluer rapidement pour prendre en compte cette mutation.

L'*iconomie entrepreneuriale* est fortement créatrice d'emplois de toute nature, surtout dans les économies concevant et produisant les logiciels et les modèles d'affaires, les robots de production et de service, les systèmes de distribution orientés vers le client final avec maintenance de produits imaginés pour être durables.

L'*iconomie entrepreneuriale* concerne l'ensemble des secteurs économiques dont l'activité et les modes opératoires sont transformées par l'informatique, l'Internet et les logiciels en réseau, l'économie entrepreneuriale de l'innovation et l'industrie des effets utiles, c'est-à-dire, peu ou prou et à des rythmes différents, la totalité de l'économie. L'*iconomie entrepreneuriale* est la nature nouvelle de l'économie quand on cultive les champs de blé avec des tracteurs reliés au GPS pour modifier de dix mètres en dix mètres les intrants afin d'améliorer les rendements sans abîmer les sols ; quand on marque les conteneurs avec une puce qui permet à de puissants logiciels de déterminer les modes de chargement et déchargement des bateaux ; quand on cartographie les massifs forestiers selon la nature des essences de bois et des sols afin de déterminer l'usage du bois (meuble ou planches ou biomasse) ce qui permet de déterminer, avec des logiciels d'optimisation, les périodes et rythmes de coupe et de séchage des arbres pour protéger les forêts et éviter les gaspillages ; quand on identifie les hôtels et les restaurants selon leur qualité, leur situation et la nature de l'accueil afin d'améliorer l'utilisation des équipements et la qualité du service rendu ; ou quand on optimise le fonctionnement des systèmes énergétiques et logistiques, etc. Par exemple, les *smart grids*, c'est-à-dire les réseaux électriques intelligents, permettent de créer les conditions les plus favorables pour la production, la distribution et la consommation d'électricité, en intégrant notamment les productions locales dans les écoquartiers, grâce à de puissants logiciels d'optimisation utilisant les données de compteurs électriques dits intelligents et de réseaux de capteurs. L'objectif est notamment d'économiser l'énergie et de réduire les émissions de gaz à effet de serre.

**Au bout de la production de l'*iconomie entrepreneuriale*, il y a toujours des produits et des services : du blé de meilleure qualité produit sur des sols en bonne santé, du bois répondant exactement à ses usages tout en laissant les forêts se régénérer à leur rythme,**

des lits d'hôtel qui donnent du repos aux corps et aux âmes et des repas qui comblent l'estomac mais aussi les sens car les chambres d'hôtel et les tables de restaurant ont la localisation et le standing qui correspondent exactement à ce que chaque client souhaite au moment précis où il consomme, ou de l'électricité produite de façon économe et limitant la pollution.

L'*iconomie entrepreneuriale*, qui est une révolution de l'intelligence en réseau appliquée à toutes les activités humaines, qu'elles soient économiques, sociales ou culturelles, a pour effet de déconstruire les organisations massifiées et hiérarchisées issues de la deuxième révolution industrielle. En effet, les liaisons horizontales deviennent plus productives par échange entre pairs s'exprimant librement et avec des compétences techniques directement opérationnelles conduisant à des échanges riches en informations et en significations partagées. Alors que les liaisons verticales, qu'elles soient descendantes ou ascendantes, sont formelles et manipulées pour produire des actions servant des intérêts précis, ce qui donne des échanges pauvres en signification partagée.

Entrer dans l'*iconomie entrepreneuriale* ne signifie donc pas sortir de l'agriculture, de l'industrie et des services, mais changer totalement les modes de production et de distribution de l'agriculture, de l'industrie et des services et la nature des biens et services offerts aux clients. Coexisteront plus ou moins longtemps ceux qui produisent du blé par des tracteurs « mécaniques » ordinaires et ceux qui utilisent des tracteurs « informatisés » opérant dans des fermes capables de garantir des contenus en protéines et le respect de l'environnement ; les bûcherons travaillant à l'ancienne et les exploitations forestières intégrées et informatisées qui pourront garantir des « essences de bois selon leur usage » dont les caractéristiques seront stabilisées dans le temps ; des restaurateurs se contentant d'ouvrir leurs portes aux chalands qui passent dans la rue et ceux qui connaîtront chaque jour à l'avance les goûts de leurs clients selon qu'ils sont français, allemands ou chinois. Les productions peu sophistiquées seront marginalisées tandis que les « productions augmentées par des systèmes de traitement de l'information en réseau » seront au cœur des nouvelles chaînes de valeur ajoutée.

On nommera la production agricole inscrite dans l'*iconomie entrepreneuriale*, l'agriculture *iconomique*.

La mutation vers l'*iconomie* est complétée par une mutation territoriale : la métropolisation de la croissance et, plus fondamentalement encore, la *territorialisation de la croissance*. Les innovations se produisent essentiellement dans des métropoles ou des territoires accueillants pour les entrepreneurs et les chercheurs. Ces territoires, à condition d'être structurés par des pôles métropolitains en réseaux et que nous nommerons *territoires métropolisés*, facilitent la dissémination des innovations au sein de l'écosystème de production et d'innovation qu'elles créent par leurs politiques fiscales, sociales et environnementales. La productivité et le niveau de vie des territoires métropolisés accueillants sont aujourd'hui très supérieurs à ceux des villes désagréables à vivre ou des zones peu denses[1]. Un excès de fiscalité sur les revenus, les bénéfices, les patrimoines ou les transactions est aujourd'hui un frein à une métropolisation intelligente et maîtrisée.

## Territoire métropolisé

On constate notamment que les activités de recherche et d'innovation sont parmi les plus concentrées au monde. Il y a de ce point de vue une confusion immense mais répandue selon laquelle les TIC[2] vont conduire à l'éclatement géographique des activités intellectuelles. De fait, dès que des résultats sont établis, ils peuvent être diffusés dans le monde entier. Mais la création de la connaissance exige de longues périodes d'échanges et de discussions en face-à-face. C'est pour cela que les meilleurs chercheurs veulent s'assembler avec les autres « meilleurs chercheurs », ce qui explique l'extrême concentration de la recherche

---

1. Voir notamment les papiers de recherche cités dans l'article « Concrete gains » de *The Economist* du 13 octobre 2012 [en ligne]. Disponible sur : <http://www.economist.com/node/21564536> (consulté le 20 octobre 2014).
2. Technologies de l'information et de la communication.

de plus haut niveau d'excellence dans une centaine d'universités, d'instituts et de laboratoires pour l'ensemble du globe ! L'innovation est géographiquement concentrée parce que le regroupement des chercheurs permet une plus grande créativité.

La globalisation de l'économie mondiale n'est pas un phénomène homogène mais un phénomène de concentration métropolitaine et de diffusion progressive des innovations sur l'ensemble des territoires : ce n'est pas la Chine qui se développe, mais d'abord Shanghai, Canton, Pékin, Hong Kong, etc.[1] Un récent rapport sur le développement de la Banque mondiale[2] montre le rôle clé de l'urbanisation dans le développement économique : « À mesure que les économies passent de la qualification d'économies à faible revenu à celle d'économies à revenu élevé, la production se concentre dans l'espace. Les producteurs choisissent de préférence certaines localisations telles que les villes, les zones côtières ou les pays intégrés dans un riche réseau de relations. »

En 2010, les trente-huit métropoles principales de l'Union européenne s'étendaient sur moins de 1 % de son territoire mais accueillaient 27 % de ses emplois et produisaient plus de 30 % de son produit intérieur brut (PIB). La même année, quatorze métropoles

1. Voir mon livre : *Guerre et paix au XXIe siècle*, Bourin, 2010.
2. *Repenser la géographie économique*, rapport 2009 de la Banque mondiale. Voir sur leur site www.web.worldbank.org.

françaises[1] rassemblent 39 % de la population et 43 % de l'emploi, réalisent 51 % du PIB et déposent 70 % des demandes de brevets[2]. La raison en est simple : le développement économique va de pair avec l'agglomération des activités[3].

## Métropolisation et attraction des talents : « donner envie »

La question est de savoir quels acteurs seront les mieux placés pour bénéficier de cette économie de l'innovation ? Car il y aura toujours, au cours des années à venir, des acteurs et des suiveurs, des centres d'innovation et de création de richesses et des zones de consommation.

Les acteurs, les innovateurs et les dominants organiseront leur action selon des stratégies volontaristes,

---

1. Paris, Lyon, Marseille, Toulouse, Bordeaux, Nantes, Rennes, Rouen, Lille, Strasbourg, Grenoble, Nice, Toulon et Montpellier (aires urbaines en 2010).
2. Voir la note « réforme régionale : un enjeu pour la croissance ? » de *France Stratégie*, juillet 2014 [en ligne]. Disponible sur : <http://www.strategie.gouv.fr/publications/reforme-regionale-un-enjeu-croissance> (consulté le 20 octobre 2014).
3. On constate notamment que les activités de recherche et d'innovation sont parmi les plus concentrées au monde. Dans la mesure où, dans de nombreuses activités, les rendements d'échelle sont croissants, le saupoudrage des ressources est souvent inefficace, car il ne permet pas d'atteindre la masse critique nécessaire pour être efficace et compétitif à l'échelle nationale ou internationale.

maximisant leurs dotations de ressources et leurs efforts productifs en s'inscrivant dans un environnement en mutation rapide dans lequel s'imposeront les réalisations collaboratives.

Les politiques permettant de s'adapter à cette nouvelle donne sont des politiques d'inclusion et non d'exclusion, de coopération et non d'agression, de tolérance et non de fermeture idéologique ou théocratique. Ce sont donc les États, les métropoles et les territoires qui accepteront ces règles du jeu et qui s'organiseront pour exceller dans la transparence qui triompheront. Ils devront donner envie à tous les créateurs et travailleurs qualifiés de venir *vivre* sur leurs territoires, opérer dans une *iconomie entrepreneuriale de fonds propres* favorisant une croissance durable, *bénéficier* d'une mobilité intelligente, *accéder* à toutes les compétences créatives et formes de financement de leurs projets, sans être frappés par une fiscalité punitive ou des lois sociales qui engluent toute initiative sans finalement protéger ceux qui étaient censés en bénéficier, et *s'épanouir* dans un environnement culturel et politique qui favorise la recherche de l'excellence.

Tous les pays et tous les territoires ne réussiront pas, car ils ne bénéficient pas tous de leaders capables de conduire leur communauté selon les règles et les objectifs qui viennent d'être exposés. Les territoires d'intolérance ou de rejet des idées nouvelles, condamnant *a priori* les meilleurs et les plus doués du seul fait de leurs qualités ou de l'excellence de ce qu'ils réalisent, seront marginalisés, dominés, écrasés. Ces territoires seront progressivement mis à l'écart de la prospérité du monde[1].

Les territoires métropolisés ont une double dimension de *territoire puissance*, au sens de la capacité à mener des stratégies cohérentes de développement dans le monde global, et de *territoire identité*, au sens de territoire constitutif de l'identité des acteurs revendiquant leur appartenance politique et culturelle à ce territoire. Il serait contreproductif de vouloir construire une action politique territoriale privilégiant le *territoire identité* sans intégrer la dimension de *territoire puissance*, car on pourrait alors s'orienter vers une politique de fermeture du territoire à tous ceux qui seraient jugés « indignes » d'en partager l'identité. Inversement, une politique axée sur le territoire puissance et ignorant la demande d'identité se couperait de la dimension culturelle du développement économique et social.

---

1. La fiscalité est un élément clé de l'attractivité d'un territoire. Qu'elle finance des dépenses utiles et justes sans décourager la prise de risque entrepreneurial, et elle contribue à l'essor de ce territoire. Mais si elle écrase les producteurs et les investisseurs de charges trop lourdes, source de gaspillage des fonds publics, elle sert de repoussoir aux talents qui voudraient s'implanter sur ce territoire.

## Les filières agricoles face aux territoires métropolisés

La troisième révolution industrielle est tout autant territorialisée que les deux premières même si les voies et les moyens de cette territorialisation diffèrent.

Dans la première révolution industrielle, l'agriculture était locale et les échanges marchands étaient lents. La multiplication des moyens de transport (chemins de fer, marine marchande) va accélérer les échanges après 1850 mais, de 1914 à 1945, les guerres militaires et commerciales interrompent ce mouvement d'ouverture, qui ne reprend qu'à la Libération. L'internationalisation des échanges s'accroît à partir de 1950 mais il faut attendre la globalisation des échanges, notamment grâce au porte-conteneurs informatisé à partir des années 1990, pour assister à une déconstruction des chaînes de valeur qui deviennent régio-continentales ou globales dans les années 2000.

Mais qu'est-ce qui est globalisé ? Les flux de matières premières agricoles assurément, le blé ou le maïs étant des denrées mondialisés. Mais qu'en est-il de la nourriture au moment d'un retour des saveurs locales et de l'affirmation des identités ? Des produits, voire des spécialités régionales, qui peuvent s'échanger du fait de leur identité : du poulet de Bresse, du chou-fleur de Bretagne, du vin de Bordeaux, du foie gras du Périgord, du brie, du camembert ou du roquefort, ou de l'agneau de Provence.

Or comment produire des biens et services à forte valeur ajoutée ? En créant un écosystème de production et d'échange qui allie coûts de production maîtrisés, systèmes de distribution puissants et image de haut de gamme clairement identifiée. Cela passe par des centres de recherche en agronomie de haut niveau et mondialement perçus comme tels, des productions alliant qualité et rendement grâce à l'*agriculture iconomique*.

L'enjeu de la territorialisation métropolitaine pour les filières agricoles est donc d'acquérir la puissance permettant de transformer et de distribuer à l'échelle globale des produits de qualité présentés dans leur « écrin culturel fait d'origine territoriale et d'image forte » afin de les servir à des clients eux-mêmes enracinés dans des territoires et des identités, et qui recherchent des produits qui les nourrissent physiquement et sensoriellement.

**Seule une *agriculture iconomique* élaborée par des filières puissantes peut permettre la montée en gamme qui commande des prix rémunérateurs. Les outils de l'iconomie permettent déjà de réaliser le potentiel exceptionnel de l'agriculture française.**

**Mais il n'y aura pas de baguette magique : pour réaliser le potentiel de l'agroalimentaire français, il faut travailler, investir, se structurer et constituer des acteurs puissants et très capitalisés capables d'entrer dans l'iconomie et de constituer des territoires métropolisés.**

# Rôles et ambition des Régions dans la construction des politiques agricoles et de développement rural : vers une approche intégrée entre filières et territoires

*Alain Rousset,*
*président de l'Association des Régions de France,*
*président de la Région Aquitaine, député de la Gironde*\*

La réforme des territoires aujourd'hui lancée nous engage pour le demi-siècle à venir. Elle seule est à même de restaurer la confiance des citoyens dans nos institutions. Elle seule, encore, peut permettre à nos ETI (entreprises de taille intermédiaire), nos PME et nos filières agricoles de se développer, de continuer à innover et de créer des emplois.

---

\* Alain Rousset est né en 1951 à Chazelles-sur-Lyon (Loire). Diplômé de l'IEP de Paris et d'études supérieures juridiques, il participe à la naissance des conseils régionaux comme directeur de cabinet d'André Labarrère puis de Philippe Madrelle en Aquitaine. De 1986 à 1998, il travaille pour un grand groupe industriel à la reconversion du bassin de Lacq. Conseiller général du canton de Pessac 2, puis maire de la ville, il préside la Région Aquitaine depuis 1998. Il est également président de l'Association des Régions de France et député de la Gironde.

Dans tous les pays d'Europe, c'est au niveau des Régions que se font, avec succès, l'accompagnement des PME, la maturation industrielle, la création d'entreprises. En France, le système est dispersé, les moyens des Régions sont ainsi cinq fois plus faibles que ceux de leurs homologues européens (à périmètre équivalent).

C'est un fait : tous les services publics, des lycées au TER, qui ont été historiquement transférés aux collectivités locales en général et aux Régions en particulier ont été préservés, améliorés et égalisés au bénéfice de l'ensemble de nos concitoyens et à un moindre coût pour la collectivité.

Dans le domaine agricole également, le niveau régional est, à l'évidence, l'échelon pertinent pour orienter au mieux les dispositifs en fonction des spécificités des filières, du tissu agroalimentaire et des enjeux de développement rural.

Ainsi, à l'instar des autres secteurs d'activité, cette réforme représente un enjeu majeur et une réelle opportunité pour accroître la compétitivité du secteur agricole et de l'agroalimentaire français.

C'est en effet en rapprochant le pouvoir de décision du terrain que l'on gagnera en réactivité et en efficience avec une approche croisée entre filières et territoires.

Regardons l'exemple allemand : est-ce vraiment un hasard si le secteur agricole allemand a connu une amélioration importante de sa compétitivité ces dernières années, alors que l'Allemagne faisait en même temps le choix résolu d'une totale régionalisation des politiques agricoles à travers les Länder, y compris pour l'attribution des aides PAC ?

Cette approche régionale a permis de mener des politiques partagées entre agriculteurs et Länder à l'origine du redressement économique de l'agriculture allemande. Ces politiques ont également permis le développement des énergies renouvelables, qui profite directement aux agriculteurs.

Or, en France, le grand chantier de la décentralisation entamé voici plus de trente ans a abouti à une répartition des compétences illisible, à un éparpillement des responsabilités, à une rupture du lien clair entre fiscalité et compétence, à de multiples doublons entre l'État et les collectivités locales.

Nos concitoyens doivent bénéficier de politiques publiques adaptées aux réalités qu'ils vivent sur leur territoire. Ils exigent – et ils ont raison – des réponses rapides. Ils doivent savoir qui est responsable de quoi, combien coûte tel ou tel équipement ou service. C'est ce que garantira une répartition claire des compétences, limitant au minimum les financements croisés, fixant des responsabilités exclusives, faisant en sorte que les actions soient conduites au niveau territorial le mieux adapté. Alors les stratégies deviendront lisibles et opérationnelles.

*Le rôle, et la force, des Régions doit être de piloter le redressement économique* que tous les Français attendent. Elles seules peuvent développer les PME, qu'elles connaissent si bien, pour en faire des entreprises de taille intermédiaire (ETI), comme le font les Länder en Allemagne. Renforcer le tissu entrepreneurial est d'ailleurs un levier essentiel pour l'agriculture, avec un secteur agroalimentaire transformant 70 % des débouchés agricoles et comportant une proportion de PME plus forte que dans les autres secteurs.

### La notion de territoire évolue

Un territoire ne se résume pas à ses frontières géographiques. Sa définition, ses frontières sont mouvantes, le territoire est, plus que jamais, à géométrie variable, il n'est pas seulement défini par des flux matériels (transports de personnes, de marchandises…). Dans un contexte de globalisation, ce territoire est de plus en plus caractérisé et alimenté par des flux immatériels, qui contribuent tout autant à sa définition et à sa singularité (flux de capitaux, flux d'informations…). Il est enfin le fruit d'une histoire, d'héritages, de traditions et de culture, d'un patrimoine tout aussi immatériel.

## Un développement global durable de nos territoires repose sur leur coopération

Les agriculteurs le savent bien : les territoires partagent d'abord des ressources naturelles. La compétition à outrance pour exploiter un bien commun – un cours d'eau, l'air, le sol – entraîne une dégradation de l'environnement et n'est pas tenable. Lorsqu'elle s'exerce sur les capitaux, financiers et humains, la concurrence à outrance engendre aussi ses propres formes de tragédie et d'appauvrissement : délocalisations, retards sociaux de développement, augmentation des inégalités, crises migratoires, etc.

C'est donc par une coopération dans l'utilisation de ces ressources que les acteurs des territoires et leurs représentants peuvent atteindre un gain commun.

## Les Régions sont pertinentes pour jouer un rôle intégrateur et de coordination

Dans un contexte de frontières territoriales mouvantes et plus ou moins formelles, face à la nécessité de privilégier une coopération accrue entre les territoires plutôt qu'une compétition source d'appauvrissement, la Région est l'échelon pertinent pour jouer un rôle essentiel de coordination. Mais aussi pour contrebalancer un modèle uniquement métropolitain, qui, même s'il fournit la majorité des richesses, héberge aussi la majorité des inégalités.

Le territoire régional ne pourra pleinement être le théâtre d'un développement soutenable que si les principes suivants sont respectés :

– donner aux Régions des compétences claires et les leviers financiers adéquats pour les assumer ;

– sortir de l'approche en « silo » actuelle en décloisonnant les territoires et en rapprochant les acteurs ;

– s'équiper d'outils d'observation du territoire ;

– garantir la solidarité infrarégionale et interrégionale.

## Des moyens financiers en rapport avec les compétences des Régions

Le système de financement actuel des Régions est déconnecté de leurs compétences actuelles et futures. Les Régions doivent pouvoir disposer de ressources fiscales dynamiques en lien avec leurs compétences de manière à ce qu'elles puissent bénéficier aussi d'un « retour sur investissement » des politiques qu'elles mènent en faveur du développement des PME et des ETI, notamment dans le secteur agricole. Devenues autorités de gestion du Fonds européen agricole pour le développement rural (FEADER) pour la programmation 2014-2020, elles doivent à l'avenir pouvoir aller plus loin en gérant directement les aides directes aux exploitations. De par leur soutien déjà réel aux entreprises, et aux entreprises agroalimentaires en particulier, les Régions seront demain les premiers pilotes des politiques alimentaires territoriales. Elles auront de réels moyens pour accompagner les filières agricoles, animales comme végétales vers plus de compétitivité. *Dans ce paysage, l'État doit se contenter d'assurer une péréquation des recettes et jouer son rôle de garant de l'équité nationale.*

## Un besoin de décloisonnement

Mettre en place de véritables politiques territoriales alimentaires passera cependant par un nécessaire décloisonnement des fonctions de l'agriculture, et donc des fonctions territoriales. L'institution et le territoire régional doivent être le lieu et le support de ce décloisonnement. Cloisonner les territoires urbains et les territoires ruraux dans leurs fonctions est dépassé, la part des agriculteurs dans la population active en témoigne.

## Se doter d'outils d'observation partagés

L'absence d'une vision précise de tous les paramètres du développement est un frein considérable pour la mise en place de politiques pertinentes. Les Régions doivent donc se doter d'outils puissants d'observation du territoire. Emploi, écologie, formation, transport, logement, démographie… et agriculture : elles doivent avoir une parfaite connaissance des paramètres de chacun des secteurs impactant l'aménagement du territoire afin de mettre en place des politiques pertinentes. Le secteur agricole, les productions végétales et les grandes cultures en particulier sont, à ce titre, des activités particulièrement structurantes pour les territoires et les paysages. La mesure de la valeur économique totale de ces filières – directe et induite – est indispensable pour assurer leur reconnaissance !

Du point de vue économique, les filières agricoles génèrent des emplois directs mais aussi bien plus d'emplois induits, en termes de services auprès des entreprises agricoles, mais aussi d'industries agroalimentaires. Du point de vue social, la vitalité des territoires, l'entretien des paysages sont intimement liés au développement de l'agriculture. Les bénéfices environnementaux des pratiques agricoles en matière de stockage du carbone, d'entretien de la biodiversité, d'entretien des paysages, par exemple en zone de montagne, sont trop souvent oubliés.

## La Région, échelon pertinent pour organiser la solidarité infra- et interterritoriale

On peut craindre une fracture entre France métropolitaine et périphérie. Pour y faire face, les mécanismes de péréquation sont impératifs. Cette solidarité et cette interdépendance sont très concrètes dès que l'on regarde le monde agricole.

Il existe une réelle complémentarité entre grands bassins de production :

– les céréales des grands bassins de production, dont le premier débouché est bien l'alimentation animale ;

– les effluents des zones d'élevage qui ont vocation à nourrir les terres pour les productions de céréales et qui, inversement, dépendent des zones de grandes cultures pour tout ce qui est paille et fourrage en période de sécheresse.

Il y a d'ailleurs beaucoup à regarder et à essaimer dans la solidarité constatée dans le monde agricole ! C'est par cette solidarité que nous pourrons maîtriser les mutations toujours plus fréquentes ou plus perturbantes pour notre tissu économique et social.

## La Région joue un rôle intégrateur dans la construction d'une vision d'avenir

De par ses compétences complémentaires en matière de développement économique et d'aménagement du territoire, la Région permet d'assurer la *transversalité des politiques, en particulier agricoles, leur complétude* sur les plans environnementaux, sociaux, économiques et, par définition, les rend donc durables.

On passe d'une logique historique de planification à une logique systémique qui prend en compte les projets et leurs acteurs. Il faut engager des réformes réellement novatrices et d'anticipation ! Les politiques d'aménagement menées par l'État ont plus été des politiques du « déjà là », des politiques qui couraient après le réel et non de réelles politiques anticipatrices.

La Région joue alors nécessairement un rôle *intégrateur*. Elle élabore une politique à l'échelle de son territoire. Mais cette politique intègre à la fois le territoire plus large dans lequel elle s'inscrit et les échelons de proximité. Maintenir cette proximité tout en constituant des Régions fortes à l'échelle européenne : tel est le défi que doit relever la réforme territoriale.

## Les céréales racontent le monde
*Gilles Fumey,*
*géographe*[*]

La profonde réorganisation en cours de nos rapports au monde par le numérique n'est qu'une étape dans l'histoire. Chaque révolution technologique change nos focales : l'invention de la roue en Mésopotamie il y a cinq mille ans et celles, plus récentes, du chemin de fer, de l'automobile, de l'électricité ont, à chaque fois, reconfiguré l'environnement humain. Qu'on songe à la Révolution française prenant acte du rôle croissant des voitures à cheval et inventant le département dont la métrique est celle d'un aller-retour dans la journée au chef-lieu. Ou à la France des Trente Glorieuses et ses régions dont la maquette géographique est calée sur l'aire de déplacement d'une automobile.

---

[*] Né dans dans une ferme du Haut-Doubs jurassien, Gilles Fumey est professeur de géographie culturelle de l'alimentation à l'université Paris-Sorbonne et chercheur à l'ISCC (CNRS). Gilles Fumey a publié une dizaine d'ouvrages sur l'alimentation. Dernière parution : *L'Atlas global* (Les Arènes, 2014).

La déterritorialisation actuelle qui fait muter des pans entiers de l'économie depuis la Californie : l'agrégation GAFA (Google, Apple, Facebook, Amazon) invente un nouveau souk planétaire (Amazon), un gigantesque café du commerce (Facebook), fait muter à marche forcée librairie, banque, universités, presse, etc. Quel est le monde de demain en train de naître avec la mondialisation de l'environnement, de la santé, des ressources alimentaires ?

## L'homme dans ses coquilles

Depuis Abraham Moles, on aime voir l'être humain vivre au sein de « coquilles » à géométrie variable lui assurant un contact avec le monde. Ces enveloppes font référence au vécu, au ressenti de chaque humain. Elles s'appellent maison, village, quartier et ville, pays, continent et ont toutes des caractères culturels comme une langue, une religion, un système économique et politique, etc. Elles témoignent de l'agencement de ressources matérielles à de nouveaux besoins, de ressources symboliques qui, en retour, l'informent sur sa propre identité. La coquille qui a surgi avec la révolution numérique est d'échelle globale ou, si l'on préfère, mondiale. Et avec elle, toutes les questions nouvelles qui percolent dans le jeu économique : le monde est-il en bonne santé ? Le monde va-t-il nous nourrir tous ? Une question devenue pressante depuis 2008 avec les émeutes de la faim.

Pour y répondre, l'être humain analyse ses perceptions et ses sens sollicités. L'olfaction nous renseigne à quelques mètres, l'ouïe à quelques dizaines de mètres sauf exception, la vue nous ouvre des horizons insoupçonnés avec la technologie dans l'infiniment grand comme dans l'infiniment petit, le toucher et le goût sont des sens de contact. Tous remodèlent nos imaginaires pour appréhender ces réalités nouvelles. Pour s'en tenir aux espaces dans lesquels nous vivons, l'échelle du territoire s'est imposée comme un contrepoint au vaste monde dont on ne perçoit que des bribes. Le monde est inquiétant car il est trop vaste, car on n'en saisit que des écailles. Le retour sur le local est le prix du global. Le global a un coût géographique considérable. Il réévalue chaque donnée à l'aune des technologies : le lointain est-il si loin lorsqu'un clic suffit pour joindre un Chinois depuis l'Europe ? Et mon voisin est-il si proche si je lui ferme ma porte ?

Là est la raison de connaître nos imaginaires spatiaux, nos tissus territoriaux et, *in fine*, nos discours sur nos territoires.

## Imaginaires de l'espace

Pour se nourrir, longtemps les humains ont cultivé des champs autour de leurs habitats. Les technologies ont ouvert à des marchés proches, puis lointains. Aidant par là à connaître le monde extérieur. La géographie entre à l'école au XIXe siècle lorsqu'on se rend compte que les Français ne connaissent pas la France. Mais tous les lieux ne sont pas logés à la même enseigne. L'Alsace, la Provence, les Charentes n'offrent aucun doute. Mais qui peut délimiter la Bretagne sans craindre des contestations? Assurer que le Languedoc va jusqu'à intégrer les Causses, et Rhône-Alpes des terres ardéchoises? Du coup, se pose la question de savoir comment ont été faites nos limites territoriales. Car nos imaginaires sont très plastiques. Et cette plasticité est indispensable pour nous relier au monde sans traumatisme. Ce que nous mangeons qui nous relie au monde passe par ces imaginaires. Au XXᵉ siècle, on a commis l'erreur de croire qu'on pouvait tout manger du moment que c'était comestible. Aujourd'hui, on sait qu'on mange du territoire, de la relation entre le monde et nous, entre nous et les autres. D'où l'attention nouvelle à ces territoires qui façonnent nos goûts et nos appétits.

## Tissus

Cette relation est largement incarnée par les paysages qui sont nos tissus territoriaux. Ce qu'on appelle encore les villes et leurs continuums de bâti résidentiel, industriel et commercial, tous nos espaces de proximité, le sont aussi. Mais tous sont en pleine recomposition désormais que nous avons de multiples formes de proximité. Prenons ce qui nous relie à ceux qui cultivent les céréales et fabriquent pour nous ces paysages qu'on devrait appeler « alimentaires ». En France, il est une maille de ce tissu qui n'a jamais lâché malgré tous les bouleversements : la boulangerie. Par quel mystère nos voisins européens, qui mangeaient autant de pain que nous, n'ont pas conservé leurs boulangeries comme nous ?

En retournant la question, notre territoire alimentaire est marqué par cet étonnant bornage de la boulangerie presque ouverte en continu, offrant ce pain nourricier et tout ce que la meunerie peut donner de matière première à l'imagination des boulangers. Les territoires de la boulangerie sont une trame solide tenant la sociabilité française et ses autres rituels que sont le café, le restaurant, le marché qui figurent au patrimoine de la France.

## Discours

L'autre manière de créer nos tissus territoriaux, c'est de les cultiver par des discours, c'est de les labourer par des images. Marcel Pagnol a eu un écho extraordinaire au XXe siècle au moment où la France rurale déménageait en ville et lorsque la Provence s'est ouverte aux loisirs de masse. Toute la France s'est mise à rêver de la Provence, à planter des platanes par envie de partager l'imaginaire du Midi. Aujourd'hui, quels auteurs racontent notre intimité territoriale, nos lien avec ces lieux que les technologies nous poussent à renouveler ? Peut-être Jean-Christophe Bailly dans

*Le Dépaysement*, qui exalte l'enracinement dans une France entichée d'un train filant comme l'éclair ? Ou encore Michel Houellebecq dans *La Carte et le Territoire* et son évocation de la désindustrialisation, de la disparition des paysans, des villages transformés en parcs d'attractions pour touristes chinois vantant un mystérieux art de vivre à la française ? Quelles campagnes voulons-nous ? À qui faisons-nous confiance pour habiller nos paysages ? Le sombre bilan de laideur des entrées de villes qui ont massacré tant de lieux laisse songeur…

## Céréales sacrées

Heureusement, les territoires fabriqués par les céréaliers, des territoires immémoriaux parce que puisant dans la veine de la poésie du XIX$^e$ siècle, ce sont ceux que nos concitoyens sont prêts à accepter. Est-ce la grande culture du blé née autour de Paris pour protéger la monarchie du désordre lié aux famines ? La France est la fille du pain qu'on a donné au roi et à ses sujets. Le sublime de la Beauce dominée par la flèche de Chartres n'a pas eu besoin du génie d'un Millet, d'un Van Gogh ou d'un Corot. La relation s'impose d'elle-même entre l'épi de blé et la flèche de la cathédrale. Est-ce le riz de la Camargue, associé à ces terres intouchées ayant échappé à la longue durée agricole, paré des atouts de la nature et du sauvage du delta rhodanien ? Est-ce le maïs de l'Alsace ou de l'Adour à la source d'une grande prospérité économique locale ? Est-ce l'orge des bordures de plateaux picards pour les bières du Nord ? Ou le sarrasin pour les galettes bretonnes ?

Tout l'art des céréales est d'habiller nos territoires d'un manteau symbolique qui prend part au sacré. Parce que les céréales auront sauvé les populations de la famine, lorsque l'abondance alimentaire n'existait pas.

### Céréales stratégiques

Les céréales couvrent en France près de 10 millions d'hectares, soit le tiers de la surface agricole utile. Une part considérable ! Leur gestion se fait à la fois par les pouvoirs publics, le négoce, les entreprises, les exploitants agricoles, en des systèmes de rétroaction bien huilés qui garantissent des récoltes suffisantes pour nourrir le pays et vendre les surplus. Mais une météo détestable, une politique malmenée à Bruxelles, un coup de chaud à la Bourse de Chicago suite à une pénurie ou à un excédent en tel lieu de la planète, une mauvaise gestion entrepreneuriale, tout peut affecter en différents points les filières. La hauteur considérable des investissements limite les marges de manœuvre mais donne aux prévisions, aux modèles économétriques une puissance justifiée par le caractère stratégique des céréales. On ne remplacera pas de sitôt les céréales dans les mécanismes économiques qui les placent au cœur d'une gestion géopolitique centrale. Mais cette qualité est amenée à évoluer car elle est globalisée depuis la révolution numérique, elle doit s'adapter aux questions posées par une planète finie. Et elle s'adapte en adoptant l'échelle locale, celle des territoires.

## Nouvelle révolution agroalimentaire ?

En effet, à l'échelle des territoires, comment se prépare l'avenir ? Les grands groupes misent sur les biotechnologies mais les freins culturels sont tels que ces entreprises devront composer avec d'autres modèles en dépit du caractère stratégique de leur production. Dans un autre secteur stratégique qui est celui de l'énergie, Jérémy Rifkin a théorisé une troisième révolution industrielle, que la région Nord-Pas-de-Calais est en train de vivre avec la reconversion de son ancien modèle économique et qui peut nous inspirer.

Concrètement, dans l'alimentation, les nouvelles technologies de communication ont créé des plates-formes d'information et d'échanges qui renouvellent le rapport aux biens alimentaires. Les mangeurs se font leur propre opinion sur ce qu'ils mangent (on les appelle alors des « amateurs »). Cette opinion est, comme le veulent les anthropologues, marquée par des formes de néophobie (peur du nouveau) autant que de néophilie (désir de connaître de nouveaux aliments). Les *buzz* numériques et les crises, dont certaines seulement sont sanitaires, entretiennent ce rapport, qui désappointe de nombreux acteurs des filières. Ces crises – dont la première identifiée dans les pays industriels a été celle de Minamata au Japon, à la fin des années 1950 – ont apporté une nouvelle conscience alimentaire : il fallait se réapproprier le circuit de production et distribution. Après la quête d'abondance liée aux guerres, l'abondance a engendré la méfiance, comme s'il fallait à nouveau désirer se réapproprier les nourritures. On sait que la période du potager est révolue pour tous ceux qui, de plus en plus nombreux, habitent en ville. Mais les expériences de jardins partagés et autres nourritures alternatives expriment un désir qui n'est pas près de s'éteindre parce qu'il tient fondamentalement au lien à la terre et au lien social.

Les nouveaux territoires alimentaires qui émergent et complètent ceux qui existent déjà et n'évolueront qu'à la marge sont ceux qui ont un système distribué de production. Dans ce cas, cette production ne sera plus seulement issue de grandes exploitations jugées trop fragilisées par les conjonctures, dont les prix des produits sont peu contrôlables et menant à des productions industrielles suscitant peu d'empathie. Elle pourra être issue d'exploitations locales sur des circuits plus restreints. Une part, encore négligeable mais qui pourrait prendre de l'essor, de la production de céréales pour la meunerie de qualité commence à émerger alentour de certaines métropoles. Ce système s'appuie sur de nouveaux réseaux structurés par des agences qui peuvent être territorialisées sur des bassins de production.

### Vers l'exception alimentaire ?

Si Jeremy Rifkin a raison, alors ce qu'il appelle le « capitalisme distribué » voit des milliers d'entreprises existantes et nouvelles, des millions de mangeurs qui deviennent collaborativement des acteurs de l'alimentation. Rifkin y voit l'opportunité d'une forte création d'emplois verts qui peuvent renouveler la notion de productivité. Par analogie à la troisième révolution industrielle, les territoires peuvent être mobilisés pour participer à cette redéfinition. La région Pays-de-Loire a mis en place un programme d'étude sur la sécurité alimentaire. Elle travaille à ce que chaque être humain puisse trouver sa nourriture dans un périmètre acceptable. Pour les initiateurs du programme de recherche Lascaux basé à Nantes et chargé de cette recherche, il faut comprendre les fresques peintes dans la grotte du même nom comme un témoignage d'une organisation sociale et économique sophistiquée. « Impossible pour les artistes de la préhistoire de se consacrer à la réalisation de ces peintures murales sans une division des tâches et sans un ancrage fort dans le territoire pour se nourrir », justifie le juriste François Collart-

Dutilleul pour chercher comment les hommes de la Préhistoire ont répondu à cette angoisse d'une alimentation non maîtrisée.

Aujourd'hui, les territoires d'échelle locale vont donc s'emboîter aux grandes structures de l'alimentation mondialisée. Ils ajoutent cette part d'imaginaire dont les humains ont besoin dans la construction de leur alimentation comme un lien au monde. Ce lien est fondé aussi sur de l'irrationnel, des peurs plus ou moins conjurées, des angoisses qui sont guéries par cette alimentation plus complexe, plus riche sur le plan symbolique. C'est la part cruciale dévolue aux céréales pour l'alimentation de demain : quelles sont les plantes les mieux adaptées pour organiser la lutte contre la faim, grâce au stockage et aux échanges ? Quelles sont les ressources imaginaires des territoires qui peuvent prendre appui sur les céréales ? Car après tout, le paysage de la Beauce comme toile de fond à la cathédrale de Chartres est un assemblage visuel qui date du XVIII$^e$ siècle. Les paysages aériens tels qu'ils ont été produits par des photographes comme Alain Perceval ou Yann Arthus-Bertrand peuvent fabriquer un imaginaire riche auquel peuvent s'attacher des populations locales. Et la vogue des labyrinthes dans les champs de maïs tient autant d'une forme de *land art* que d'une approche empathique d'une céréaliculture moins bien acceptée que celle du blé, de l'avoine ou de l'orge.

## Perspectives

En attendant, les ingénieurs de l'environnement tentent d'évaluer les cycles de vie et simulent, par leurs étiquettes et les consommations, les différentes méthodes pouvant s'appliquer dans le domaine de la sécurité alimentaire. Il leur reste à trouver, avec des plasticiens, des cinéastes et des photographes qui mettraient en scène les différents systèmes de production (intensif comme extensif). L'imaginaire des territoires doit être vivant, lisible dans ce qu'on mange. *A fortiori* lorsque c'est de nourriture locale qu'il s'agit.

Replacer le local dans la chaîne de valeur de l'agriculteur au mangeur, telle est la mission assignée aux céréales de demain qui feront désormais, encore plus qu'hier, le lien entre la terre et l'assiette.

# Territoire : l'inspiration du futur

*Virginie Raisson*
*chercheur–analyste en géopolitique et prospective*\*

S'il n'est guère d'hésitation quant aux ressorts d'un ouvrage intitulé « Céréales », « Habitat » ou « Alimentation », le titre « Territoires » renvoie pour sa part à toutes sortes de littératures possibles : traite-t-on par exemple de l'aire de chasse et de reproduction des loups, des ours et des lions, ou plutôt de l'enveloppe juridique et géographique des États ? Désigne-t-on des zones habitées et, par extension, les groupes qui les occupent, tels les réserves indiennes aux États-Unis ou le quartier chinois à Paris, ou s'agit-il des

\* Analyste des enjeux internationaux, Virginie Raisson dirige aujourd'hui le Lépac, un laboratoire indépendant de géopolitique prospective. Chargée de mener de nombreuses missions par des organismes publics internationaux ou humanitaires, elle intervient régulièrement auprès de diplomates, de dirigeants de groupes internationaux ou d'administrateurs de collectivités territoriales. Diplômée en histoire, en relations internationales et en géopolitique, co-auteur des *Atlas du dessous des cartes*, elle publie, en 2010, le premier atlas de prospective : *2033, Atlas des Futurs du Monde* (Robert Laffont).

espaces que les adeptes de jeux vidéo doivent défendre face à leurs ennemis virtuels ? À moins qu'il ne soit question de marketing et de stratégies de marque, ou encore de psychologie à propos de la chambre des adolescents ? Pour sa part, le plus célèbre dictionnaire de la langue française nous apprend que le territoire désigne aussi l'« ensemble des organes, des muscles et des portions cutanées auxquels se distribuent un vaisseau ou un nerf ». Quant aux géographes, ils se divisent sur la définition d'un terme qu'ils ont pourtant eux-mêmes invité dans le langage courant. Face à la multitude d'explorations possibles et moi-même partagée entre la géopolitique et la prospective, je décidai finalement de tenter ma propre exploration du concept de territoire en puisant mon inspiration dans le futur.

Si l'on considère par exemple, comme certains géographes, que le territoire est l'aire géographique qui permet à une population d'assurer sa survie et qu'en même temps on se place à l'échelle de l'humanité, on réalise alors qu'il s'agit d'un espace limité puisque ni la surface des océans, ni celle des terres émergées ne sont extensibles par la volonté de l'homme. Ainsi tout territoire renvoie-t-il d'emblée à ses propres limites. Et ces limites, à l'infini des besoins auquel il doit permettre de répondre… Car au même moment, la population mondiale continue d'augmenter, au point que de nouvelles projections indiquent qu'elle pourrait atteindre 13 milliards de personnes d'ici la fin du siècle. On mesure la difficulté croissante des choix qui s'imposeront quant au partage, à l'utilisation et à l'exploitation de ces espaces utiles. En ce sens, les territoires sont et resteront des espaces sous pression, des lieux d'arbitrage où viennent s'exprimer des rapports de force, des conflits d'usage et des intérêts contradictoires.

Sur ce point, la croissance globale des classes moyennes lance un défi exemplaire, que l'on se place à l'échelle de la biosphère, des forêts primaires ou encore d'un département français. Portée au même moment par l'augmentation des revenus moyens, par l'urbanisation, par la standardisation mondiale des modes de vie et la mutation des régimes alimentaires, la hausse exponentielle de la demande en viande, en énergie et en logements rebat partout la vocation des territoires. Ce faisant, elle modifie ensemble leurs statuts, leurs dynamiques, leurs écosystèmes et leur organisation.

Que l'on songe par exemple aux déserts, traditionnellement exclus des « espaces utiles » sur les cartes de géographie : les voici convertibles en champs de fraises ou de tulipes ! Car grâce à la technologie et au prix de travaux pharaoniques pour capter le cours du Nil en Égypte, ou encore d'investissements colossaux pour dessaler l'eau saumâtre prélevée à 100 mètres de profondeur au Qatar, on peut maintenant y reconstituer sous serre des microclimats bretons ou tropicaux et contribuer à satisfaire ainsi la demande européenne de primeurs en hiver et celle de fleurs coupées dans l'émirat.

À son tour, le Sahara si cher à Jean-Marie Le Clézio et à Théodore Monod pourrait bientôt devenir une zone de culture extensive, non pas de tomates et de roses cette fois, mais d'énergie solaire, pour approvisionner l'Europe et les pays voisins en électricité verte. Ainsi, en plus de changer la donne climatique en réduisant l'usage d'énergie carbonée, des projets de fermes solaires pourraient également renouveler les cartes économiques et politiques des régions concernées. Sachant en effet que chaque kilomètre carré de désert reçoit tous les ans l'équivalent de 1,5 million de barils de pétrole en énergie solaire, on peut s'interroger sur la valeur finale de ces territoires.

Déjà, appréciée à l'aune de la mondialisation et du futur, la valeur reconnue d'un territoire n'est plus guère fonction d'Histoire, de tradition ou de culture. À l'image des terres ancestrales des Nenets en Russie, des Inuits au Canada ou des Papous en Indonésie, c'est l'économie mondiale qui assigne désormais aux territoires leur vocation et qui en donne la valeur foncière ou stratégique : on pense au territoire des orangs-outangs et des tigres d'Asie, peu à peu converti en plantations de palmiers à huile ; à celui des tribus amérindiennes d'Amazonie, expropriées par le front du soja et de l'élevage bovin ; à celui des abeilles ou des hirondelles, qui recule avec l'agriculture chimiquement intensive ; à celui de la ruralité européenne ou chinoise, lentement grignoté par l'habitat périurbain ; à celui de la paysannerie birmane, à la fois désœuvrée et délogée par la spéculation foncière ; à celui du caribou canadien, confisqué par l'exploitation minière et agroforestière ; à celui des Tibétains, trop riche en eau et en minerais pour rester tibétain ; etc. Désormais, qu'importent les origines du territoire, son écosystème, sa mémoire ou son découpage ethnolinguistique : c'est la satisfaction d'une humanité en appétit grandissant qui prévaut, dans un modèle économique où consommation et production doivent s'entraîner mutuellement pour nourrir la croissance.

Si le conflit ukrainien vient aussitôt nuancer ce constat et rappeler qu'on ne doit pas négliger la dimension symbolique, collective et identitaire que les territoires ont recouvrée avec la fin de la guerre froide, on a aussi pu constater au printemps 2014 que l'accord de Kiev pour louer 5 % de ses terres à des entreprises chinoises à des fins de production agricole était venu, avec d'autres éléments, affaiblir le soutien de la Chine à la Russie à propos de la Crimée. Quand l'économie et la matérialité des territoires reprennent le pas sur la géopolitique et la construction symbolique du monde et de ses frontières… Mais pas seulement.

Car à son tour, on observe que la recherche de compétitivité écarte peu à peu la prospective des politiques de planification et d'aménagement de territoire.

Ainsi, sans rester sourd aux besoins matériels du monde ni s'enfermer dans une logique conservatoire, la conversion de terres agricoles américaines pour l'exploitation de gaz de schiste donne toute leur mesure aux enjeux et aux risques de la marchandisation des territoires. Car lorsqu'il doit choisir de vendre, ou non, ses terres aux compagnies énergétiques, il revient au fermier américain d'arbitrer, sans le savoir, entre trois grands défis planétaires :

– la demande mondiale en céréales, en viande et en produits laitiers dont la courbe de croissance épouse celle des classes moyennes dans les pays émergents ;

– la demande en sucre, en céréales secondaires et en graines oléagineuses pour la production d'agrocarburants ;

– les besoins en produits énergétiques bon marché abondants, transportables et stockables pour soutenir la hausse continue de la consommation électrique tout en évitant de recourir au charbon ou de provoquer une inflation trop rapide du prix du baril.

Pour prendre sa décision, le fermier dispose, en théorie, de trois modes de calcul possibles :

1.   Le premier consiste à comparer la pérennité garantie de la demande agricole aux évolutions possibles de la consommation d'énergie fossile, dont on

sait qu'elles seront corrélées à la croissance des émergents mais aussi au prix du baril, aux gains en efficacité énergétique, aux investissements dans des énergies durables, aux évolutions technologiques, à la prise de conscience écologique, et peut-être, même, aux effets de la contestation environnementale en Chine sur la stratégie énergétique de ses dirigeants. Un raisonnement à vingt-cinq ans donc, aléatoire, mais que l'intérêt croissant des fonds d'investissement pour les valeurs agricoles semble néanmoins plutôt valider.

2. Dans un second calcul, pour ne pas dire « scénario », la valeur attribuée – par décision politique – à la dégradation irréversible des terres agricoles ou de la biodiversité sous l'effet de la fracturation hydraulique serait si élevée qu'elle découragerait la conversion des terres arables ou forestières en champs énergétiques. Cependant, en plus de reposer sur une utopie écologiste, ce calcul a également pour handicap de ne devenir efficace que s'il est appliqué durablement et à grande échelle. C'est d'ailleurs l'enseignement que l'on peut tirer de l'expérience innovante, prometteuse et néanmoins avortée que l'Équateur avait tenté de mettre en œuvre pour protéger le parc naturel de Yasuní. Considérant que les services rendus par la biodiversité exceptionnelle de ce morceau de territoire situé en Amazonie étaient plus essentiels à l'humanité que les revenus du pétrole contenu dans son sous-sol, le président équatorien avait obtenu de la

communauté internationale en 2007, puis du PNUD en 2010, qu'ils s'engagent à verser au petit pays une somme de 3,6 milliards de dollars (soit la moitié du revenu estimé de l'exploitation du gisement d'hydrocarbure) en compensation de son renoncement mais aussi du non-rejet dans l'atmosphère de 400 millions de tonnes de $CO_2$. Six années et seulement 13 millions de dollars versés plus tard, on apprenait que les 900 millions de barils des champs pétroliers d'Ishpingo, de Tambococha et de Tiputini allaient finalement être exploités. Non estimable dans le système économique mondial, la valeur écologique, patrimoniale et durable du territoire de quelque 696 variétés d'oiseaux, 2 274 d'arbres, 382 de poissons, 169 de mammifères, 121 de reptiles et de dizaines de milliers d'espèces d'insectes vivants sur ce bout d'Amazonie aura donc été jugée inférieure à la valeur immédiate, épuisable mais tangible des ressources de son soussol. Un raisonnement qui, justement, ramène à celui des propriétaires américains.

3.    En plaçant leur décision à l'échelle de leur vie et/ou de leur famille, leur calcul consiste alors à rapporter l'incertitude du prix et du volume des récoltes céréalières annuelles à l'importance des sommes d'argent que les compagnies pétrolières s'engagent à leur verser pour exploiter le gaz de schiste.

Propriétaires à la fois de la surface et du sous-sol de leurs terres, les agriculteurs américains se voient donc *de facto* projetés aménageurs du territoire américain, avec les effets que l'on sait sur les évolutions climatiques, les écosystèmes, la santé, la production agricole, la transformation du paysage, la politique énergétique américaine, la qualité de l'eau, etc. En sens inverse, c'est bien parce que l'État français reste propriétaire des ressources souterraines du territoire national qu'il peut légitimement interdire la prospection par fracturation hydraulique. Et c'est aussi parce que la France est une puissance agricole que ce principe de précaution résiste encore à la pression des milieux industriels. Où l'on s'interroge cependant sur le devenir des paysages céréaliers de Seine-et-Marne si les termes du droit du sol venaient à être modifiés… Dans tous les cas, on mesure bien ici que l'exploitation des territoires, leur aménagement et leurs impacts sur la biosphère placent ensemble la gouvernance au cœur de la définition des territoires…

Si tout le monde s'accorde en effet pour constater que le réchauffement climatique est l'affaire de tous et qu'il est notamment provoqué par la déforestation ou par la circulation automobile, il demeure pourtant inconcevable que la communauté internationale s'immisce dans les choix de développement du Brésil en Amazonie ou qu'elle ait une quelconque influence sur les choix de l'Europe de privilégier la route dans ses schémas d'aménagement. De la même façon, c'est bien en fonction des prix du marché que se décide chaque année l'allocation des terres céréalières à la production de pain, de viande ou de biocarburant et non pas l'accès du plus grand nombre à l'alimentation ou même les politiques territoriales. Là non plus, la volonté des électeurs n'y change rien, sauf à choisir, par délégation, de mettre en œuvre une politique agricole commune comme à l'échelle européenne. Contestée, dénoncée, questionnable et critiquable, il ressort néanmoins de cette réflexion sur les territoires que la PAC reste un outil pionnier, innovant, et qui mériterait certainement d'être mieux expliqué et mieux compris pour être sans doute mieux débattu, dans une perspective à la fois agricole, agronomique, économique, écologique et écosystémique. Une approche territoriale en somme !

À leur tour, les acquisitions de terres arables par un certain nombre d'États ou de sociétés étrangères situées dans d'autres États soulèvent, en se multipliant, une question de souveraineté et de statut des territoires. Imaginons par exemple que des fonds souverains chinois investis en Beauce permettent aux acquéreurs de réserver la production de cette région fertile au marché chinois déficitaire. Imaginons aussi que l'opération se répète ailleurs en Europe, en Russie, en Ukraine, mais aussi en Australie et en Argentine, puis que, à la faveur de la captation chinoise de ces récoltes céréalières « hors sol », les stocks de blé mondiaux disponibles diminuent en provoquant l'inflation du prix de la baguette, et peu à peu d'autres produits alimentaires. Quelles mesures politiques exigerions-nous alors que nos gouvernements adoptent face aux acquéreurs chinois sur ces territoires de droit français ?

En même temps, on sait aussi que nombre de terres africaines pourront devenir productives ou tout simplement cultivables à la seule condition que d'importants investissements étrangers permettent de les aménager, de les mécaniser, de les fertiliser et d'y transférer les savoir-faire agricoles. Or il n'existe pas à ce jour de fonds mondial qui en soit chargé, laissant donc le « champ libre » aux acteurs privés d'acquérir ces terres, qu'il en coûte éventuellement l'expropriation de leurs occupants ou de leurs exploitants. On mesure l'intérêt économique, politique et humain qu'il y aurait à combler le vide juridique autour de ces opérations qui, jusqu'à maintenant, se caractérisent justement par leur grande opacité : au-delà des questions de droit et de souveraineté, c'est bien de l'accès à l'alimentation dont il est question, *a fortiori* si la population mondiale doit compter 2 ou 3 milliards d'habitants supplémentaires. Sans attendre cette échéance, l'actualité internationale vient déjà nous rappeler que la faim et l'exclusion fournissent à ceux qui en souffrent et à leurs descendants les motifs de revanches à prendre, parfois dans une violence extrême. Déjà, plusieurs études associent le terrorisme à la concomitance des inégalités et de l'exclusion sociale en Europe avec le déracinement des populations paysannes en Afrique et au Moyen-Orient, chassées de leurs terres, voire de leur « territoire », par la faim, la pauvreté, l'expropriation, la compétition agricole internationale, et désormais aussi, par diverses détériorations locales de la biosphère.

Inondations, salinisation, désertification, glissements de terrain : avec l'artificialisation des terres, les dérèglements climatiques et la dégradation des écosystèmes constituent désormais des déterminants majeurs de la mutation des territoires qu'il convient également d'intégrer dans leur définition. En plusieurs endroits de la planète, l'érosion, le dégel, la déforestation ou l'immersion des territoires deviennent même des éléments moteurs des relations internationales. On songe par exemple à la fonte de la banquise dans l'océan Arctique, qui place les territoires inuits du Groenland et du Nunavut sur le passage de nouvelles voies maritimes, tout à fait décisives pour le commerce mondial (passages du Nord-Ouest et du Nord-Est). Mais on peut aussi évoquer le dégel du *permafrost* en Sibérie, qui fait espérer que la culture du blé gagnera progressivement les terres boréales de la Russie. Au même moment, la désertification qui progresse au nord de la Chine pousse déjà de nombreux paysans chinois vers l'Extrême-Orient russe, une région très peu peuplée mais qui concentre la plus grande part des ressources naturelles, minérales, forestières et cultivables du pays. On estime que chaque Russe dispose d'une superficie de terres arables en moyenne huit à dix fois plus étendue que celle d'un Chinois. Au total donc, un déséquilibre de territoire, de démographie et de ressources tel qu'il pourrait modifier les rapports entre les deux pays, s'ils décidaient toutefois de rénover leurs relations bilatérales en mutualisant leurs intérêts respectifs et en organisant leurs complémentarités dans une approche territoriale concertée.

À son tour, le sort à un moins d'un siècle des îlots du Pacifique comme Kiribati ou Tonga et, peut-être plus encore, celui des grands deltas fertiles et très peuplés du Nil, du Gange ou du Mékong renouvellent la problématique des territoires, de leur statut et de leur mutation, dans des sociétés où la paysannerie constitue encore une part importante de la population. En ce domaine, et quoique les estimations de l'élévation du niveau de la mer en 2100 augmentent à chaque nouveau rapport du GIEC, les questions tout à fait critiques que soulève le recul des terres émergées restent entières : quel territoire offrira-t-on aux réfugiés climatiques, chassés de leurs terres, voire de leur pays, par les effets de la croissance économique et industrielle sur l'atmosphère ? Peut-on concevoir de nouveaux partages des terres agricoles pour compenser l'inégalité des agriculteurs face à la salinisation et au recul des terres arables ? À quelles conditions la vente de terres cultivables à des puissances étrangères et plus riches est-elle acceptable dans des pays en développement dont on sait que la contraction du territoire fertile privera les paysans de leur seul moyen de subsistance possible ? Enfin, quelles sont les bonnes échelles pour progresser ou arbitrer face à de tels enjeux ?

Priés de répondre à ces questions à chaque nouveau sommet climatique, les États continuent pourtant d'éluder en se retranchant chacun derrière ses frontières et son économie. Or en campant sur des positions à la fois nationales et court-termistes, c'est le bien-être de leurs ressortissants dans trente ou cinquante ans qu'ils engagent déjà. Où l'on constate ici encore la contradiction forte qui oppose la logique onusienne de la prise de décision par État aux évolutions de la morphologie du monde, à mesure que les territoires nationaux se trouvent agrégés par la mondialisation, le commerce, le climat, la migration des espèces, les pollutions, les réseaux et les NTIC, etc.

Confrontés aux égoïsmes nationaux, à l'absence de « conscience planétaire » mais aussi aux inégalités qui progressent dans toutes les sociétés ou presque, villageois et paysans sans terre viennent ainsi peu à peu gonfler les populations urbaines, en Chine, au Mali, en Inde ou en Colombie. Bien malgré eux, ils contribuent donc également au réaménagement des territoires en poussant les villes à s'emparer des terres arables alentour.

Cependant, l'artificialisation des terres ne procède pas que de l'exode rural ou de la pauvreté dans le monde : dans les pays du Nord, la facilitation de l'accès à la propriété combinée à la spéculation foncière dans les centres urbains et à la recherche d'une autre qualité de vie stimule à son tour l'étalement périurbain au détriment, le plus souvent, des surfaces agricoles utiles. On calcule par exemple que ces dernières ont reculé de 20 % dans le Var entre 2000 et 2010, et même de 31 % dans les Alpes-Maritimes. Une tendance dont les effets se démultiplient sur les territoires : mitage des paysages, enclavement et parcellisation des terres, conflits de voisinage et d'usage avec les néoruraux, raréfaction de terres agricoles qui génère à son tour un mouvement de hausse des prix, etc. Curieusement, cette évolution de nos territoires et les risques qu'elle fait peser sur nos paysages, la biodiversité de nos régions ou la qualité de nos produits alimentaires sont peu connus, masqués par la profusion que donne à voir la grande distribution grâce à l'importation de produits agricoles. Une perception encore accentuée par Internet et par les grandes marques. Ainsi, qu'il habite au centre de Pékin, de Paris, de São Paulo ou de Montréal : le territoire d'un consommateur, désormais, c'est le monde.

Interface entre la biosphère et l'homme, dont il satisfait les besoins primaires (habitat, ressources, alimentation), le territoire constitue donc un système complexe, en mutation permanente, soumis à des forces économiques, politiques, écologiques et culturelles centrifuges. Gouverné en fonction d'intérêts de nature, de géographie et de durée contradictoires, le territoire tend à se dégrader désormais partout dans le monde, exposant ce faisant l'humanité à de multiples risques : dégradation sanitaire, sous-alimentation, insécurité physique, violence, etc.

Comme il demeure tout à la fois lieu de vie, d'identité et de ressources, et qu'il est par ailleurs impensable d'arbitrer entre les besoins alimentaires d'aujourd'hui et la demande énergétique de demain, c'est encore par son exploitation durable et partagée que le territoire recouvrera ses fonctions vertueuses et fédératrices. Autrement dit, il n'est d'autre voie que de repenser la gouvernance et la représentation des territoires pour parvenir à remettre le bien-être des hommes au cœur des politiques de production et d'aménagement et à sortir ainsi de logiques mettant les territoires au seul service du profit et de la rentabilité économique.

Sans attendre, il convient donc déjà d'organiser et de financer la résilience des territoires aux dérèglements climatiques pour limiter les effets de leur dégradation sur l'humanité. En même temps, il s'agira de réarticuler les logiques de marché à des mécanismes de préservation des ressources, par exemple en valorisant les écosystèmes et leur entretien. Et dans ce but, il sera aussi nécessaire de faire évoluer les échelles de décision à la mesure de leurs impacts.

Au préalable, cependant, il paraît indispensable de revisiter sans attendre les perceptions identitaires et civiques des territoires, afin que nos enfants y accrochent ensemble une responsabilité locale et une identité globale.

# Le numérique et le territoire

*Serge Soudoplatoff,*
*entrepreneur, expert des questions du numérique*[*]

> « L'errant est un apprenti d'espaces
> un essayeur d'ailleurs.
> Il hait les lignes droites
> les chemins les plus courts.
> L'errant ne suit jamais personne
> puisqu'il invente ses chemins.
> Il est accoucheur d'imprévus
> et ses pas laissent derrière lui
> un sillage irisé d'étonnements
> et de libertés. »
>
> Jacques LACARRIÈRE.

---

[*] Passionné d'Internet depuis 1984, Serge Soudoplatoff a mené des recherches en informatique pour IGN, IBM, Cap Gemini Innovation ou encore France Télécom. Cofondateur de plusieurs *start-up* et associations liées au Web, Serge Soudoplatoff conseille désormais de nombreuses entreprises sur leur stratégie liée au numérique. Il collabore à la rubrique politique 2.0 de Fondapol et a enseigné à l'ESCP et à l'Hetic. Il est, entre autres, l'auteur de *Le Monde avec Internet : apprendre, travailler, partager et créer à l'ère du numérique* (FYP, 2012) et *Avec Internet, où allons-nous ?* (Le Pommier, 2009). Il écrit dans de nombreux sites, et dans son blog.

## Le territoire, support des conflits

Les nomades ne sont pas aimés. Depuis l'Antiquité, ils font peur. Qu'on les nomme Gypsies, Gitans, Romanichels, Manouches, ils créent, chez les sédentaires, la peur de l'inconnu, l'angoisse de l'autre. Toujours, en 2014, la cohabitation reste difficile.

Cela est très ancien. Le premier meurtre symbolique de la Bible eut pour objet un conflit de territoire entre le sédentaire et le nomade : Caïn tue Abel parce que l'un veut mettre ses moutons là où l'autre veut faire pousser du blé. La symbolique de ce meurtre est d'autant plus puissante que, si l'espace d'un instant nous prenions pour argent comptant la lecture de la Bible, ils n'étaient que quatre sur terre ; il y avait donc suffisamment de place pour qu'ils soient chacun d'un côté de la rue. Seulement voilà : l'un a tué l'autre. Depuis ce jour, on sait qu'écrire l'histoire, c'est bousculer la géographie…

Le territoire est le support de conflits. Les systémiciens nomment celui-ci le conflit entre l'exploration et l'exploitation. La prochaine heure, journée, le prochain mois, la prochaine année, vais-je améliorer le rendement de mon lopin de terre, ou bien défricher de nouvelles terres ailleurs ? Vais-je chercher à mieux servir mes marchés existants, ou bien vais-je vendre dans les pays dits « émergents » ? Vais-je constamment améliorer mes processus, ou bien vais-je tester de nouvelles méthodes ?

Il est intéressant d'analyser le monde sous l'angle de la rareté, ou de l'abondance. Lorsque nous allons au restaurant, tous nos sens travaillent, principalement le goût et l'odorat. Le goût est dans une économie de rareté : le morceau de pain que nous mangeons ne peut plus être ingéré par quiconque. En revanche, l'odorat est dans une économie d'abondance : respirer le bon fumet du plat n'empêche en rien d'autres personnes de le respirer également ; il y a suffisamment de molécules de bonne odeur dans l'air pour que tout le monde en jouisse. Le son est dans le même cas de figure : un auditeur de plus n'empêche pas les autres d'écouter le concert. Cela explique la magnifique fable du mendiant et du cuisinier : le cuisinier prétend que le mendiant doit payer le fait d'avoir humé la bonne odeur de son plat, et le juge le « récompense » en faisant tinter une pièce de monnaie ; l'odeur comme le son sont tous les deux dans des économies d'abondance, et le juge exprime cette cohérence.

Le territoire est dans une économie de rareté : on ne peut pas avoir à la fois du blé et des moutons sur le même mètre carré. L'exploration nous permettrait d'éviter ce conflit : puisqu'elle agrandit le gâteau. Seulement, la quantité de *terra incognita* a largement diminué : il ne reste plus beaucoup de terres vivables encore vierges. Même si le réchauffement planétaire commence à dégager des terres intéressantes au nord de la Sibérie, ou bien au nord du Canada, ceux qui sont plutôt du côté des exploitants que des explorateurs sont contraints de partager le territoire existant. Partant, comme une onde de choc qui se réfléchit sur les bords de la piscine, cela crée des figures d'interférences.

Pour absorber cette onde de choc, il faut adopter une approche systémique, abandonner les schémas linéaires et prédictifs, la planification. La version française de la célèbre phrase de Bertrand Russell l'énonce très bien : « Tous les matins, l'oie du Périgord est deux fois plus heureuse que la veille, jusqu'au 23 décembre. » Nous sommes dans un système contraint, en équilibre dynamique avec son environnement. Il faut arrêter de penser analytique ; il faut penser global. L'information devient alors le fondamental.

### Le territoire, enjeu d'information

Gérer un conflit passe toujours par une bonne circulation de l'information. Le faux, l'à-peu-près, entretiennent les guerres. La paix ne peut se concevoir sans savoir : savoir qui est l'autre, comment est sa culture, comment il fonctionne, ce qu'il souhaite. La révolte des Cipayes nous en offre une des plus caricaturales illustrations : les Cipayes musulmans pensaient que la graisse utilisée pour les cartouches était de la graisse de porc, et les hindous que c'était de la graisse de vache. Avec Internet, le paradoxe aurait été évident, donc résolu.

L'information du territoire est donc, depuis la nuit des temps, un acte fondamental. Sous sa forme géographique, il se nomme une carte. Sous sa forme administrative, il se nomme le cadastre. Mais cela peut prendre d'autres formes, parfois inattendues : nos cerveaux rationnels ont du mal à comprendre la logique des aborigènes d'Australie, pour lesquels les cartes sont des chants, les *song lines*.

Un pays sans cadastre n'est pas un pays : comment savoir qui possède quoi, quelle est la destination de cette terre ? Et même s'il fut un temps où « la neige effaçait le droit », le sol, le sous-sol, et maintenant le sur-sol, sont numérisés et doivent être affectés. À partir du XVIᵉ siècle, la carte sert à combler les trous, à décrire le vide tout autant qu'à dessiner le plein. Dans le recueil de nouvelles *Cosmicomics*, Italo Calvino décrit la théorie du Big Bang sous la forme d'une société qui est tout entière confinée dans un point, avec tous les problèmes de cohabitation que cela pose : par exemple, tout le monde dort dans le même lit, mais comme tout n'est qu'un point, ce n'est pas si gênant. Dans cette nouvelle, ce qui crée le Big Bang, fait exploser le monde, et donc engendre le territoire, est le regret d'une cuisinière de ne pas avoir assez d'espace pour faire un plat de tagliatelles.

La carte sert donc à gérer l'information. Son pendant informatique, le système d'information géographique, a toujours été l'objet difficile à construire par excellence, puisqu'il force à la transparence. Il faut donc adopter une approche systémique.

Il y a longtemps, bien avant ce nouvel alphabet qui se nomme Internet, il n'était pas rare de voir un client entrer dans la boutique de l'Institut géographique national, rue La Boétie, pour demander une carte de toute l'Amérique latine. Dans les années 1980, c'étaient les cartes aéronautiques de l'OACI, l'Organisation de l'aviation civile internationale, en l'occurrence au quatre millionième, qui répondaient souvent à cette demande. Mais hélas, le client repartait déçu, car il ne voyait pas sur la carte le sentier de trekking qu'il devait parcourir l'été suivant dans la cordillère des Andes. Il n'était pas très facile de lui expliquer qu'une carte avait forcément une échelle, et qu'il était totalement impossible d'avoir les deux en même temps sur un même support. Aujourd'hui, Google Maps sur nos smartphones répond parfaitement à cette quête. Borges nous interpellait avec sa carte à l'échelle un, Google et OpenStreetMap l'ont fait.

L'information est utile aussi pour le voyageur. Seulement, le voyage de maintenant n'est plus le même. Avant, il était constitué de quatre étapes : on rêvait de la destination ; puis on le préparait avec un guide de voyage ; puis on le vivait sur place ; puis on le partageait chez soi, au retour, en invitant les amis à regarder les photos. Le voyage d'aujourd'hui est aussi constitué de ces quatre étapes, mais dans un processus beaucoup plus resserré dans le temps, et répétitif. On arrive à la destination avec très peu de préparation ; on rêve et on planifie le matin, puis on va vivre l'expérience, qu'on partage instantanément sur Facebook. Le processus se reproduit le lendemain, voire l'après-midi même.

La géolocalisation est ce qui permet ces nouveaux usages : nous devons constamment savoir ce qui existe, comprendre ce qui se passe dans notre environnement géographique proche. Il y a encore énormément d'efforts à faire : grâce à Internet, nous savons ce qui se passe en Chine, en Afghanistan, en Sibérie et à Hobart. Mais, en 2014, nous ne savons pas encore, un dimanche soir à 19 h 30, quelles sont les boulangeries autour de nous qui ont encore du pain de disponible.

Il y a là un véritable enjeu : fournir, en temps réel, de l'information locale, qui soit pratique. Cela n'est pas simple, et ne peut, en tout cas, se faire dans un cadre d'entreprise classique : le coût en serait trop important. En revanche, le modèle communautaire est le bon schéma, tant économique que d'usages, pour répondre à ce souhait.

### Le territoire, expression de la communauté

Nous sommes dans un monde sous pression. Il y a un siècle, nous n'étions que 1,8 milliard d'êtres humains sur terre. Aujourd'hui, nous sommes 7,2 milliards. En cent ans, la planète a dû absorber plus de cinq milliards de nouvelles personnes. La conséquence est que nous sommes dans un monde d'interactions : nous avons plus de clients, plus de collaborateurs, plus de partenaires. Il y a plus de monde dans les trains, dans les avions, sur les routes. Tout cela engendre plus de pression, qu'il faut gérer. Nous ne sommes pas dans la société de la connaissance, en fait nous l'avons toujours été, nous ne sommes plus dans la société de l'image, mais nous sommes dans la société de l'interaction.

Le maître mot est alors l'homéostasie, la propriété d'un système de rester en équilibre dynamique avec son environnement. Le corps humain est homéostatique : quelle que soit la température externe, la température interne reste à peu près constante. Un système en équilibre ne fonctionne pas sur la planification, il ne survit que s'il est constitué de sous-systèmes qui s'échangent en permanence de l'information. Lorsque l'information circule mal, alors c'est le cancer, et le système meurt.

Dans un tel environnement, il donc faut proscrire tout ce qui fait mal circuler l'information : la hiérarchie, les systèmes en silos, la méfiance. Lorsque l'on considère les dysfonctionnements systémiques, on trouve toujours une information qui ne s'est pas échangée correctement. En revanche, les modèles communautaires, qui favorisent les échanges entre pairs autour d'un sens commun, sont parfaitement adaptés. Internet, parce qu'il fait circuler de l'information entre les membres de la communauté, permet cet équilibre homéostatique.

Internet, qui est le support de la communauté, fait circuler l'information efficacement, supporte l'énergie nécessaire pour maintenir la confiance, et donc permet cet équilibre homéostatique.

Une communauté n'existe qu'autour d'un sens commun. Ce sens peut-être de l'entraide, comme c'est le cas des forums professionnels, ou bien une passion commune, comme les fans de parcs d'attractions. Mais le territoire est un extraordinaire lieu de sens commun, surtout en France, pays où les spécificités régionales sont très ancrées.

Que peut faire une communauté sur un territoire, et surtout qu'est-ce que le numérique lui apporte ? Au début des années 2000, les internautes s'échangeaient de l'information, et rien de plus. Ce fut l'essor de TripAdvisor, ou bien du forum Voyages. Mais très vite, l'information n'est plus suffisante, car elle ne véhicule pas suffisamment la confiance. Arriva alors la révolution Airbnb : parce que le site fait plus que mettre en relation et qu'il assure tout le processus en *back office*, et ce de manière innovante, alors il restaure la confiance : celui qui a commenté dans Airbnb a vraiment dormi chez la personne.

Mais un autre signal faible est en train d'émerger : le financement participatif (*crowdfunding* en anglais) en local, autrement dit la capacité pour un projet de trouver du financement non pas d'une banque, encore moins de l'État, mais de la communauté. Il est fréquent de trouver sur des plates-formes comme KissKissBankBank, Hello Merci, MiiMOSA ou bien Bulb in Town (plate-forme spécialisée sur le local) des projets de création de commerce de proximité, ou même de création de nouveaux produits agricoles, par exemple une nouvelle bière.

Airbnb, KissKissBankBank ou Bulb in Town sont des plates-formes qui amplifient l'énergie mise par les communautés. Les projets qui échouent à trouver leur financement portent souvent la marque d'un manque de punch du créateur du projet. Les territoires dynamiques trouveront dans ces plates-formes un outil extraordinaire de développement. Ce sera le plus puissant basculement de la démocratie représentative à la démocratie participative.

L'administration n'est pas conçue pour gérer: elle coûte trop cher et offre un service dont la qualité baisse. Il faut maintenant faire confiance à la société civile et à ceux qui créeront des communautés dynamiques. Pour les entrepreneurs du territoire local, le numérique offre une gigantesque opportunité d'amplification de leurs visions. Le « gouvernement comme une plate-forme », qui abondera les projets dans lesquels les citoyens auront eux-mêmes investi, est la base politique du territoire de demain, et se dessine actuellement sous nos yeux.

## Le territoire, objet d'innovation

Depuis plusieurs années, nous assistons à une autre tension, un autre « combat » sur le territoire, entre les partisans du « bio » et les partisans d'une industrialisation continue. Nous n'allons pas rentrer dans ce débat, qui ne produit actuellement pas beaucoup d'idées intéressantes. Entre l'écologie dogmatique, qui va jusque prôner la décroissance, et les *lobbies* industriels, qui utilisent les fonctionnaires de Bruxelles pour prendre des décisions parfois absurdes, il n'est pas facile de se faire une opinion sérieuse, par manque d'arguments de qualité.

Revenons au fondement, à savoir la nature, et à son support, le territoire. En 1969, Ian McHarg écrivit un livre de très grande portée : *Design with Nature* (Natural History Press). Ce livre, qui parle d'éco-construction, n'est malheureusement que très peu lu par les ingénieurs des Ponts. C'est dommage, s'ils en avaient appliqué les principes, nous n'aurions pas eu les morts de Vaison-la-Romaine en 1992. Hélas, en France, l'amour du béton, peut-être inspiré des trois petits cochons, l'emporte au-dessus de tout.

Cela n'est pas raisonnable : dans un monde en équilibre homéostatique, la ponction des ressources naturelles ne peut continuer indéfiniment. Mais la décroissance est une abomination, puisqu'elle tue l'espoir pour les générations futures. Quant aux produits dits bio, ils sont trop chers. Il faut donc chercher des solutions innovantes ailleurs que dans ce combat stérile entre toujours plus et encore moins.

C'est dans les principes de l'économie bleue de Gunter Pauli que se situe une voie originale, à explorer. Entre l'économie industrielle, dite économie rouge, et l'écologie politique, dite économie verte, Gunter Pauli prône une troisième voie : l'économie bleue, qui combine croissance et respect de la nature. Le monde industriel veut développer ; l'écologie veut recycler ; l'économie bleue veut régénérer. Elle a comme objectif, justement, de conserver un équilibre homéostatique pour l'environnement. La science qui permet à l'économie bleue de fonctionner est la biomimétique, qui s'inspire des réalisations de la nature pour créer de nouvelles technologies.

Par exemple, à Las Gaviotas, la savane de Vicheda a été transformée en une forêt tropicale permettant de développer une filière de production de résine fournissant deux produits très demandés : de la térébenthine et de la colophane. Ce but fut atteint par l'inoculation à des pins des Caraïbes du mycélium d'un certain champignon, ce qui leur permit de se développer sur la savane, créant ainsi de l'ombre qui abaissa la température du sol et lui permit de se ré-humidifier.

L'économie bleue, dite aussi circulaire, qui est une économie sans déchets, a donc déjà commencé à faire ses preuves. Ceux qui auront le courage de combattre les énergies négatives venant de toutes parts – *lobbies* industriels biaisés, écologistes dogmatiques, administrations bureaucratiques – en faisant simplement la preuve de la puissance de l'innovation et des idées neuves, ceux-là, alors, feront vraiment progresser le territoire. Ils ont besoin de peu de choses : de penser autrement, dans un cadre communautaire bienveillant, et surtout d'échanger et de faire circuler l'information.

Pierre Teilhard de Chardin écrivait en 1922 qu'au-delà de l'atmosphère, de la géosphère et de la biosphère viendrait la noosphère, la sphère des idées interconnectées. La Renaissance numérique que nous sommes en train de vivre, avec tout ce qu'elle comporte de difficultés, de luttes pour le modernisme face aux nombreuses résistances de l'ordre ancien, est l'opportunité de réaliser cette utopie.

Le territoire, parce qu'il est support des conflits, parce qu'il est enjeu d'information, parce qu'il est expression de la communauté, et parce qu'il est objet d'innovation, nous permet de changer notre regard au monde et de le voir sous l'angle de l'intelligence collective, seule approche qui nous permettra de résoudre tous les graves problèmes que notre génération laisse aux futures. Le numérique est son ami.

# Territoire, aller-retour

*Dominique Wolton,*
*spécialiste des questions de communication*
*directeur de recherche au CNRS**

Le « territoire » est en train de faire l'objet d'un magnifique aller-retour. Hier il était identifié à *la terre*. Aujourd'hui, depuis le XXᵉ siècle, on assiste au triomphe de *l'espace* comme symbole de progrès et du dépassement des frontières physiques. Mais déjà, avec le monde fini, le retour s'esquisse. Celui des identités et l'obligation d'apprendre à cohabiter. Le territoire lié au passé a retrouvé toute son importance anthropologique.

* Dominique Wolton étudie les rapports entre la communication, les sociétés, la politique, la mondialisation et la diversité culturelle. Il a créé et dirige la revue internationale *Hermès* depuis 1988. Il a ensuite créé en 2007 l'Institut des sciences de la communication du CNRS (ISCC) et ouvert, en 2010, la Maison des sciences de la communication et de l'interdisciplinarité, premier « hôtel à projets » du CNRS.

## Hier, le règne du temporaire

Le territoire est au cœur de toutes les sociétés. Lieu du pouvoir et de l'agriculture, il est le symbole de la domestication, puis de la conquête de la nature par l'homme. Il est la condition de la vie *et* le principe de souveraineté. À la fois l'identité et la terre, objet de tous les conflits, matrice de toute société. Et ce, d'Assur, à Sumer, jusqu'au XXᵉ siècle. La terre et le territoire sont au cœur de toutes les conquêtes. C'est par le progrès agricole et technique que les hommes vont pouvoir se nourrir, croître et conquérir d'autres territoires. Plus le progrès technique s'impose, à partir du XVᵉ siècle, plus la terre est vénérée comme symbole du patrimoine, de l'histoire, de la tradition. Et la fantastique conquête du monde, à partir du XVIᵉ siècle ne fait que renforcer cette souveraineté du territoire. Le pouvoir, c'est la maîtrise des terres et des mers. L'Empire britannique sera celui sur lequel le soleil ne se couchera jamais, et toutes les guerres seront d'abord, ou finalement, de conquêtes et de réaménagements du territoire. Il suffit, pour la France, de se rappeler le traumatisme qu'a représenté l'annexion de l'Alsace et la Lorraine. La terre, c'est l'identité, l'histoire, le temps, le pouvoir, la mémoire. Bref « la terre ne ment pas ». Et si le progrès va consister, avec la première et la seconde révolution industrielle, à dépeupler les campagnes et à instaurer un inexorable grignotage des campagnes, cela ne se fera pas sans résistance profonde. Pratiquement, il n'y a de civilisation qu'urbaine. Mais la terre, avec ces immenses patrimoines, est toujours « au coin de la rue ». D'ailleurs, dans les années trente, et surtout depuis l'après-guerre, la politique veillera plus ou moins heureusement à sauvegarder les équilibres entre le rural et l'urbain grâce aux « politiques d'aménagement du territoire ». Le progrès, sous toutes ses formes, s'est installé, mais jamais, finalement, en détournant la place et la valeur symbolique du territoire. Même si avec le temps, il est devenu l'objet d'un rapport de forces difficile avec l'urbain et le rurbain. Même quand le monde agricole joue un rôle de plus en plus faible, il est néanmoins toujours omniprésent dans les représentations et les symboles.

### Aujourd'hui, l'espace a « dépassé » les territoires

C'est probablement la révolution de l'informatique, puis des télécommunications, de l'audiovisuel et finalement d'Internet et des réseaux qui a donné le coup de grâce à la prééminence du territoire, faisant de la fin du XXe siècle le symbole de l'émancipation de l'humanité par rapport à ce qui semblait indépassable : le territoire et son identité.

Le maître mot qui s'est imposé ? *L'espace.* La conquête physique des distances, déjà bien entamée par le train, l'automobile et l'avion, a été amplifiée par les techniques de communication et les systèmes d'information. Le monde est devenu un « village global » traversé d'interactions techniques. L'homme s'est définitivement affranchi de la géographie et des distances physiques. Immense progrès dont les jeunes générations n'ont plus conscience. La conquête de la Lune a renforcé ce sentiment d'émancipation à l'égard des territoires. La terre, c'est l'histoire, certes indispensable, mais c'est le passé. D'ailleurs, l'identité est rejetée au profit de l'ouverture, des relations et, aujourd'hui, des interactions. *Le territoire, statique, c'est le passé, l'espace et la circulation sans limite, c'est le progrès.* Le secteur primaire ne cesse de régresser grâce au progrès technique, au profit de l'industrie puis des services. L'homme, pour la première fois de son histoire, s'émancipe de la terre sans laquelle il ne pouvait exister. D'ailleurs, dans le cyberspace, tout le monde devient « nomade »... La mondialisation économique va accentuer ce processus, lui-même amplifié par la fin de la guerre froide et l'ouverture du monde sur lui-même. *L'espace s'impose contre le territoire. L'ouverture contre l'identité. La circulation contre la sédentarité.* Et comme le progrès est toujours passé par les villes, en tout cas par l'émancipation à l'égard des campagnes, personne ne nie l'intérêt de la terre, mais celle-ci doit rester *à sa place*. Elle n'est plus motrice dans l'histoire du progrès, et le simple fait que son rendement ait été démultiplié atteste bien que la déesse Terre Gaïa a été finalement détrônée. La nature oui, mais comme élargissement de la problématique de la terre, identifiée à l'identité, au passé, à la nostalgie, à l'histoire, aux racines. Bref, ce dont tout le monde a besoin, mais qui bascule lentement dans un gigantesque « musée de l'Homme ». Et d'ailleurs, les BRICS et tous les autres pays en voie d'émancipation, par l'industrialisation et l'urbanisation (plus de 53 % de la population mondiale vit en ville aujourd'hui), sont là pour rappeler le rôle essentiel, mais secondaire, de la terre. Quant aux océans, entrés eux-mêmes dans un processus d'industrialisation et de rationalisation, y compris pour la conquête de l'énergie, ils ne représentent plus l'immense altérité qui fut la leur. Le triomphe de l'énergie fossile, la nouvelle économie de l'eau et du vent renforcent le sentiment « d'une maîtrise » de la nature par l'homme et d'une conquête définitive des territoires. L'avenir est dans le cyberespace, pas dans la terre, et les paysans sont les premiers internautes d'un monde agricole organisé par les Bourses mondiales, accessibles de chaque ferme par Internet ! Oui à la terre, mais comme simple condition d'un monde qui s'est échappé des territoires et qui flotte dans les *clouds* et les milliers de Big Data. L'information a tué finalement la terre. Bien sûr, chacun reste nostalgique et conserve des « maisons de campagne », parce qu'il faut bien sortir des villes et conserver ses racines, mais ce n'est plus essentiel. L'homme a terminé en un siècle, y compris avec les guerres qui ont détruit les territoires comme jamais dans l'histoire de l'humanité, l'irrésistible conquête de la nature et des terres.

L'homme maîtrise les territoires, parachevant sans doute son immense et douloureux processus d'émancipation, commencé entre le $V^e$ et le $X^e$ siècle. Et comme, simultanément, le progrès scientifique et médical permet à chacun d'entre nous, non seulement de vivre plus âgé, mais surtout d'échapper aux maladies, il s'installe une sorte de liberté et d'émancipation qui n'a jamais existé à ce point. Certes, l'homme reste mortel et la terre le retrouvera, mais il s'est affranchi un peu des déterminations et des malédictions physiques.

En fait, avec le triomphe de l'espace sur le territoire, il s'est affranchi de tout : les progrès techniques permettent l'augmentation de la productivité de la terre ; l'industrie est toute-puissante et les techniques de communication ont vaincu le temps et l'espace. Les territoires ont perdu leur capacité de résistance : tout le monde circule en voiture, en train, en avion. Les informations et les images font le tour du monde instantanément. Tout est mobilité, vitesse, liberté, interactivité. Aucune contrainte, aucune limite physique ne s'imposent. L'émancipation, avec *à la fois* la vitesse et la durée. C'est-à-dire l'exact contraire de ce qu'opposait la terre qui ne permettait qu'une ou deux récoltes par an. Et qui imposait son rythme.

On s'en est affranchi. La carte des territoires, cette carte immuable avec la domination de la géographie physique, devient inutile. Tout est à la fois inter-dépendant et mobile. Tout bouge. Tout circule. Les territoires restent, certes, les infrastructures, mais le monde dans toutes ses dimensions s'est émancipé de toutes ces contraintes.

On en est là, mais déjà le balancier repart.

### Demain, le retour des territoires

D'abord la terre résiste, et s'épuise avec l'indus-trialisation de l'agriculture. L'écologie a tiré la son-nette d'alarme. Le problème n'est pas que le monde soit fini et tout petit, mais que l'homme le détruise. Rien ne pourra continuer, à ce rythme de destruc-tion de la nature et du climat. Quant à l'agriculture, si elle doit nourrir bientôt neuf milliards d'indivi-dus, c'est à la condition de sauvegarder quelques équilibres fondamentaux. Bref, conjuguer écologie, progrès scientifique et technique. Mais la terre n'est pas non plus devenue un grand village. Les haines sont au moins aussi nombreuses, les frontières aussi infranchissables, les murs, bien physiques, jamais aussi hauts. Et dans ce monde « transparent » interactif, l'autre n'est pas mieux toléré. Bref, la haine de l'autre monte à la proportion du nombre d'internautes connectés, de la transparence assurée et de l'interactivité. Ce que l'on n'avait pas prévu ?

« La fin des distances physiques révèle l'étendue des distances culturelles. » Les hommes se voient, échangent de l'information, des biens, des services, mais n'ont rien à se dire. Chacun s'enferme chez soi et les communautés électives segmentées remplacent le défi de la société, des échanges et de la cohabitation. L'ouverture réveille le besoin d'identité. Oui à la mondialisation, à condition de préserver les identités culturelles (langues, religions, démocraties…). Celles-ci deviennent belliqueuses. Et les guerres, pour les ressources, les sous-sols, les océans, reprennent. Il y a loin de l'image d'un monde comme vaste espace de circulation et la réalité d'une fragmentation et d'une fermeture croissantes. C'est à la fois le retour de la communication humaine beaucoup moins performante que la technique, la revalorisation de l'information triomphante et la réhabilitation de la communication-négociation. *Bref, le retour des territoires est synchrone avec le retour des identités, la lenteur de la communication-négociation, la nécessité de respecter les équilibres écologiques, la fin du citoyen-monde cosmopolite, et le retour des États-nations, des frontières.* L'urbain devait tout avaler, les hommes, au contraire, recherchent les rythmes plus lents, des campagnes, de la nature. « La loi du progrès » bégaye. L'horizon n'est plus l'homme urbain, dans les sociétés ouvertes vingt-quatre heures sur vingt-quatre, où chacun vit derrière un écran. La fin de l'abondance de l'information au profit de la lenteur de la communication. L'omniprésence de l'autre avec lequel il faut apprendre à cohabiter.

Bref, passer d'un monde de flux et de nomades à celui de l'incommunication et de l'apprentissage d'une cohabitation pacifique. La lenteur contre la vitesse, avec la redécouverte des vertus et des jouissances de la sédentarisation. Pas le retour nostalgique du *local* idéalisé, ni le *glocal*, mais la réhabilitation de l'existence de *plusieurs échelles* d'expériences à faire cohabiter. Le territoire de l'agriculture et toutes les identités territoriales et culturelles ne sont plus le symbole du passé dont il faut s'émanciper, mais un partenariat pas commode qui, avec sa temporalité et ses contraintes non solubles dans la société de l'information, oblige à négocier avec plusieurs logiques hétérogènes. *Le territoire redevient un espace politique.* Et d'ailleurs les guerres – dont celle ininterrompue entre Israël et la Palestine est peut-être le plus terrible symbole – n'ont jamais été autant « territoriales ». Le tout accentué par les enjeux techniques et économiques liés à l'exploitation croissante des ressources naturelles. Non seulement les cartes ne disparaissent pas, mais la mise en valeur de ce petit monde fini et fragile fait apparaître de nouveau des revendications politiques, culturelles, religieuses que l'on croyait disparues. On sort du GPS de « l'espace mondial » pour retrouver la richesse et la complexité des cartes, almanachs et autres encyclopédies historiques. Un seul exemple. L'Europe des vingt-huit pays qui cherche désespérément à ne pas ouvrir les placards de l'histoire est bien obligée d'admettre qu'aucune cohabitation des territoires, nations, religions, communautés, frontières ne pourra être raisonnablement faite sans tenir compte de l'expérience, certes non démocratique, mais néanmoins considérable, des trois Empires multiculturels russe, ottoman, austro-hongrois, balayés un peu rapidement de la carte en 1918. Et que dire de la reconquête de l'espagnol sur tout le sud et le centre des USA, dont justement les Espagnols avaient été chassés ? Et du retour de toutes les revendications territoriales en Europe (Écosse, Pays basque, Flamands et Wallons…) ou dans le Caucase, au Moyen-Orient et en Chine avec les Ouïgours et le Tibet…

L'espace de la mondialisation retrouve en réalité toutes les frontières ou, plutôt, l'obligation d'organiser la cohabitation entre des logiques différentes. Deux renversements en un peu plus d'un siècle. De la disparition des territoires à la redécouverte de leur indispensable importance.

### Dix pistes de réflexion accompagnent cette véritable « révolution »

Dix pistes de réflexion. Qui seraient autant de pistes d'action, dont certaines seraient bien radicales.

1.    Penser la fin de la « loi sacrée » des trois stades du progrès qui pendant cinquante ans a identifié celui-ci au fait que le secteur primaire (agriculture) devrait presque disparaître au profit du secteur secondaire (industriel), lui-même devant diminuer au profit du tertiaire (service). Nous y sommes. Soixante à quatre-vingt pour cent des pays riches. Et l'on retrouve enfin le rôle essentiel de l'agriculture. Pas seulement le monde rural avec sa logique et ses valeurs pour nourrir huit milliards d'individu, mais surtout un autre équilibre entre les trois secteurs. Aucune société ne peut vivre sans rapport à la nature et à la matière. Donc tout faire pour éviter « la fin des paysans ». Exactement le contraire de ce que l'on disait il y a un demi-siècle.

2.    Le monde agricole *et son rapport à la terre* n'est pas seulement un mode de production économique, c'est aussi un modèle social et culturel. Plus que jamais, éviter le monopole, organiser la cohabitation avec le modèle urbain ; respecter aussi les océans. Revaloriser l'industrie. Tout se tient avec le retour de la terre.

3.    *Valoriser toutes les échelles, sans hiérarchie.* Aussi bien les petites exploitations que les grandes ou les moyennes, tous les types de productions, toutes les échelles, du local, au régional, au national, au mondial. Là aussi, reconnaître enfin que toutes les échelles ont leurs opportunités. Les identités multiples sont nécessaires à la cohabitation des échelles.

4.   Le monde agricole doit conserver ses *identités*, du plus petit au plus grand, et sortir aussi de son corporatisme. Économiquement, il se branche sur la mondialisation, il lui reste à avoir la même ouverture pour les autres dimensions de la société. S'ouvrir, ce n'est pas perdre son identité ; au contraire, c'est la valoriser, dans la comparaison.

5.   *Préserver toutes les forces d'agricultures, « modernes » et « traditionnelles », petites et grandes.* Le maître mot ? La diversité, pour épouser toutes les formes de territoires, d'économies, d'innovation. La diversité des exploitations ne se limite pas à la diversité des tailles. Il y a au moins autant de différence par les styles et les identités. Là aussi, c'est la fin des « modèles ». Imagination et inventivité.

6.   *Une nouvelle alliance entre le monde de l'agriculture, de l'agroalimentaire, du commerce.* Accepter la pluralité des modèles. Ne pas s'enfermer dans « un sens de l'Histoire ». À la hauteur de la nouvelle alliance entre la nature, les hommes et la société.

7.   *Valoriser l'imaginaire à partir de la terre et des territoires*, surtout après un siècle où celui-ci fut dominé par les machines et les services. Comment dépasser l'apport de ces deux-là pour une nouvelle anthropologie ? La valorisation du monde fini dans un espace ouvert, après la domination de l'imaginaire de l'espace et des réseaux.

8. *Dépasser la dichotomie obsolète tradition/modernité.*
Quels nouveaux rapports entre identité-territoire-
frontière-civilisation-mur-agriculture-spécialisation-
commerce? La cohabitation des rapports aux
différentes formes de territoires et d'économies
locales, régionales, nationales, mondiales.

9. Le territoire comme symbole *des limites de la
modernité.*

10. *La revalorisation des différences et de la diversité*
par rapport au poids de la standardisation.

# Territoires sous conditionnalités

*Pascal Dibie,*
*ethnologue*[*]

Dans notre monde de plus en plus sédentaire et globalisant, les agriculteurs ont connu avant tout le monde la « conditionnalité », terme, et notion, inventé pour les besoins de la PAC qui implique irrémédiablement son corollaire de contraintes. Pour ma part, j'irai plus loin encore, pensant que c'est dans le monde agricole, du côté de l'élevage et d'une nouvelle idée de domestication, que s'est inventé et fabriqué ce que l'on commence à nommer le post-humain…

---

[*] Pascal Dibie est ethnologue, professeur à l'université Paris Diderot-Sorbonne-Paris-Cité, chargé de mission aux relations culturelles de l'université avec la ville, co-directeur du Pôle des sciences de la ville, membre du laboratoire URMIS. Il a reçu le prix de sociologie Henri Dumarest de l'Académie française en 1987. Il est l'auteur de nombreux ouvrages dont *Ethnologie de la porte* (Métailié, 2012). Son ethnologie d'un petit village de la Bourgogne Nord à trente ans d'intervalle, qu'il relate dans *Le Village retrouvé* (Grasset, 1979 ; L'Aube poche, 2008) et *Le Village métamorphosé* (Terre Humaine, 2006 ; Pocket, 2013), fait aujourd'hui référence.

autrement dit, une nouvelle aventure identitaire dont nous n'aurions jamais pu imaginer qu'elle se poserait en des termes semblables. Pour revenir à la « conditionnalité » dont nous ne trouvons pas encore, ou que très récemment, des traces dans des dictionnaires spécialisés, elle implique le respect d'exigences en matière de bonnes conditions agricoles et environnementales (BCAE) mais aussi, et c'est fondamental pour notre futur, dans le « paquet santé publique », la responsabilité pour le monde agricole de bonne santé des végétaux, des animaux et du bien-être animal. (Circulaire DGPAAT/C2012-3069-DGAL/C2012-8004 du 8 août 2012 relative à la mise en œuvre de la conditionnalité.)

## Le conditionnel, temps anthropologique de la PAC

Pour les paysans d'hier, dont l'autodéfinition consistait d'abord à affirmer qu'ils étaient bien les maîtres à bord de leurs terres et principalement inscrits dans leur région, voire leur pays, l'irruption de la PAC impliqua des changements anthropologiques radicaux. Imaginez ce que signifie la responsabilité du « devoir de maîtrise sanitaire » basée sur le HACCP – *hazard analysis critical control point*, soit l'analyse des risques et points critiques – à laquelle sont soumis aujourd'hui les exploitants. En plus d'une très lourde responsabilité, c'est de fait une nouvelle conception de la nature et de son exploitation qui est mise en place avec l'idée centrale qu'il s'agit désormais de créer des pôles d'équilibre territorial et rural. Bien sûr, la PAC œuvre pour que les agriculteurs réussissent « à transformer les contraintes réglementaires en atouts » et qu'ils aient pour ligne de mire le PPPM, produire plus, produire mieux (*sic*). C'est là que l'on rejoint l'idée de région et de patrimoine en constant mouvement, la planification de l'exploitation comme de la région impliquant de faire tourner l'affaire toute l'année, pour ne pas dire tout au long de la vie, au nom de la rentabilité.

Il est dans les projets européens de l'aménagement et du nouveau développement des campagnes que, par exemple, l'association des actifs et des retraités permette de développer le tourisme rural : chambres d'hôtes, association et incitation à de nouveaux services comme des stages pratiques aux jardins ou dans des potagers, production d'AMAP ou accueil de malades, de vieux, de jeunes citadins en difficultés, à quoi depuis peu s'ajoute la possibilité, sur les toits des hangars, de production d'électricité solaire et dans les champs la mise en place d'éoliennes, là aussi pour produire plus et plus propre.

Tout comme la ville a rejoint la campagne, le paysan a quitté ses pays et, à défaut d'une identité nouvelle, il est, comme nous tous, sinon conditionné, au minimum condamné au conditionnel – dont on doit se souvenir que, dans notre grammaire, c'est le mode du verbe qui présente l'action comme une éventualité, un état ou une action subordonnée à quelque condition et dont l'expression comprend un temps présent et deux passés, à moins que ce ne soit comme dans les mythes l'expression au futur du passé.

## Du projet républicain à la multiplication des appartenances

Pour comprendre aujourd'hui et essayer d'imaginer demain, il faut remonter au moins aux années 1960 et à la révolution verte, ce moment où les repères et les certitudes collectives qui alimentaient le projet républicain et produisaient des normes d'insertion acceptées par tous, ou presque, se sont fissurés. Au triomphalisme sans cesse énoncé de l'« unité nationale » se sont substitués une multitude de discours dénonçant non seulement le colonialisme extérieur mais aussi et surtout intérieur. Les revendications de droit à la différence, d'autonomie territoriale, etc., ont remis en cause le « fait français républicain » comme fait social et politique total. L'idéologie universaliste héritée de la Révolution française, qui relativisait les affirmations des identités bio-sociales des citadins ou ethniques en province, ne semble plus guère fonctionner. Cela explique en partie la raison pour laquelle des catégories d'affiliation immédiates vont pouvoir s'imposer assez aisément comme la méga-région, l'ethnie, la classe d'âge, le genre, catégories nouvelles qui investissent l'espace laissé libre par la dilution des grandes causes nationales.

Pour nous ethnologues, à qui incombe plus qu'on ne le croit la responsabilité de décrire et de définir l'altérité, après le temps des grandes enquêtes pluridisciplinaires des années 1960 où on ne chercha pas à disserter sur l'identité ou sur le sentiment d'appartenance mais à analyser les discontinuités culturelles ou matérielles à travers des objets ou des pratiques afin de constituer des corpus en vue de « sauver des biens et des mémoires » (on ne parlait pas encore de patrimoine !), les choses ont quelque peu changé. Il n'empêche que les équipes transdisciplinaires lâchées sur le terrain dressèrent des cartes ethnographiques, enrichirent les atlas linguistiques de la France et, dans la foulée, incitèrent les jeunes chercheurs universitaires à produire des monographies de villages ; monographies qui, à juste titre, firent date ! Dans le même temps, décolonisation oblige, on vit le rapatriement des ethnologues de l'AOF et de l'Indochine sur le sol métropolitain. Autant d'anthropologues de retour qui débusquèrent d'abord dans la campagne profonde les derniers « indigènes de France » puis, dans les années 1980, s'intéressèrent aux « sauvageons » des cités périphériques des grandes villes. Plus intéressant encore, on commença de regarder notre système social à partir de notre aventure domesticatoire, et cela autant du côté de la domestication des plantes que des animaux. Il nous a bien fallu admettre que, dans notre société pastorale, les céréales jouaient un rôle central et essentiel dans notre façon d'appréhender le monde. On ne saurait mieux parler de « passion céréales », et l'analyse que je propose devrait valoir pour essayer de comprendre un peu mieux l'actuel et d'imaginer le long terme.

### Racines et permanence de la Semeuse

Pour commencer, un constat qui peut paraître trivial mais nécessaire afin de bien faire comprendre la complexité et l'implication anthropologique profonde de tout symbole : aujourd'hui, bien qu'utilisant l'euro (c'était « monnaie courante » pour le franc !), au dos de certaines petites pièces jaunes on trouve encore représentée la « semeuse » en pleine action. Que croyez-vous qu'elle sème ? Du blé, bien évidemment, et cela à bon pas et d'abondance ! Cette image est loin d'être gratuite, elle raconte et certifie notre appartenance à un monde pastoral et, de ce fait, céréalier – « avoir du blé » dans les poches ou sur son compte, n'est-ce pas avoir de l'argent ? Être le « grenier à blé » d'une nation ou d'un continent, n'est-ce pas exprimer la richesse d'une région ? Même si nous venons de sortir du néolithique, tout, dans nos sociétés indo-européennes, tourne encore et est produit par notre relation particulière aux céréales.

Notre inscription européenne globalement faite au sein d'un écosystème spécialisé, pelouse de céréales sauvages puis champs cultivés, a longtemps impliqué que face à nos concurrents les plus dangereux en termes de survie alimentaire – les hordes d'herbivores –, nous développions un système de domestication animale directe, à savoir que, plutôt que d'enfermer nos champs derrière des barrières comme dans les systèmes horticoles inscrits dans des écosystèmes généralisés, nous gardions les troupeaux d'herbivores à l'aide de bâtons pour les empêcher d'aller brouter les plus beaux épis sous nos yeux. Ce type de domestication directe et brutale – l'homme accompagne les troupeaux et les réprime brutalement pour éviter qu'ils ne mangent ses récoltes – a largement à voir avec l'invention des systèmes sociaux propres à l'univers pastoral d'où nous venons.

« Culture des plantes, domestication des animaux, traitement d'autrui », pour reprendre le titre d'un article célèbre de mon maître André-Georges Haudricourt (revue *L'Homme*, 1962, p. 40-50), toute notre histoire est là, celle de notre aventure capitalistique autant que celle de l'invention de notre société et de nos rapports plus brutaux qu'amicaux; celle aussi de notre appartenance indéfectible à une monoculture céréalière avec tout ce que cela implique, y compris en termes de déséquilibre ainsi qu'on peut le mesurer aujourd'hui. Non, je ne crois pas que cette proposition d'analyse anthropologique soit tirée par les cheveux, notre humanité est avant tout une humanité pastorale et notre vision du monde, à l'imitation de notre mode d'exploitation agricole fondé sur l'élevage extensif, est ou était entièrement envisagée en termes d'expansion.

## Sortir du néolithique par un « Moyen Âge » cybernétique ?

Ce rapport très particulier au monde est à considérer plus que jamais aujourd'hui où, je l'ai exprimé plus haut, nous sortons bel et bien du néolithique pour entrer dans un cybermonde, en expansion certes, mais dont la virtualité, aussi séduisante qu'elle soit, ne nourrira jamais son homme… C'est autant l'économie que le milieu naturel et l'idée de « région » qui sont en cause dans les décennies qui s'annoncent. Il faut se souvenir qu'il y a peu encore, existaient une parole ou des paroles qui étaient à tous, autant aux ouvriers qu'aux paysans, et qu'on n'envisageait alors ni la fin du prolétariat, ni la disparition prochaine du monde paysan, moins encore des identités ouvrières et paysannes. Et pourtant, c'est chose faite. L'idéologie était telle qu'on ne voyait pas que les campagnes commençaient à se dépeupler, la nature à s'asphyxier et que la ville avançait irrémédiablement dans nos têtes et dans l'espace. Les mouvements identitaires qui démarraient alors semblaient plus liés à une remise en cause du quotidien et à une critique générale de la société – la famille en premier. Dans la foulée, on a vu se développer une sensibilité à l'écologie, puis des associations écologistes en même temps que des groupes antichasse et plus radicalement antispécistes, pour ne citer que cela. Aujourd'hui, il ne faut pas négliger l'attaque et la baisse de la « filière viande » (critique de fait de notre système pastoral) en Europe et dans le monde, ni la remise en question de la production végétale traditionnelle par l'intégration de l'agriculture et la création d'immeubles d'unités de production alimentaire hors sol dans les villes mêmes, comme à Amsterdam, à Tokyo, à New-York, etc. Est-ce que le pain à croûte dure, autrement dit la baguette, restera encore longtemps dans nos mœurs devant la poussée des pains mous et d'une alimentation de plus en plus hétérogène liée à la globalisation des circuits, à l'unification des goûts et à l'augmentation irrémédiable de la population mondiale ? On doit se poser ce type de questions si l'on veut penser à l'avenir de l'idée même de région.

En termes de prospective, nous ne pouvons ignorer que nous nous trouvons aujourd'hui, et pour quelque temps encore, dans une « basse époque » au sens où l'on s'est imaginé longtemps le haut Moyen Âge comme une époque troublée avant de mieux le connaître et d'y trouver les signes, au contraire, d'un extraordinaire foisonnement. Le fait est que nous sommes bel et bien dans un âge de transition, un âge entre les âges, non définissable, non descriptible, un temps où les changements sont tels qu'on ne sait plus exactement la mesure du seuil, ni quand et par où les choses vont rompre ou se consolider. Face au temps mondial qui se dessine irrémédiablement, qu'en est-il de nos identités, autant nationale que régionale, voire de notre identité propre, et qu'en est-il plus particulièrement de notre vie en région ?

## Ville, campagne, espace rural et patrimoines

Premier constat : avec la disparition des anciens « collectifs humains » et la redéfinition, ou plutôt l'invention, de nouveaux territoires par les institutions, les habitants des campagnes comme ceux des villes sont désormais réunis dans les mêmes définitions de l'espace. Quant à l'idée de « région », qui au départ était louable – il s'agissait d'assister et de contrôler l'installation de groupements humains durables dans des espaces dont les réalités biophysiques ne correspondaient pas toujours avec les traditions et dans lesquelles pouvaient s'inscrire de nouveaux citoyens non autochtones ! –, elle est à la fois centrale et malmenée ; centrale dans les préoccupations politiques de réorganisation des territoires tant au niveau européen que mondial. Centrale si l'on prend en compte qu'aujourd'hui plus de moitié de la population vit en ville, sachant que plus de 20 % des Françaises et des Français sont banlieusards et que le périurbain a gagné en France les communes comptant parfois moins de 2 000 habitants, au point que les urbanistes illustrent l'importance du phénomène français et parlent de « l'empire de la périurbanisation » qui transcende toutes les régions.

Quant à la notion contemporaine d'« espace rural » qui nous préoccupe ici, elle a commencé par désigner ce qui n'était justement plus exactement la campagne. On a d'abord dit que cet espace résultait de « la force d'homogénéisation technico-administrative où se cantonnait la fonction productive alimentaire, la culture et l'élevage », tout en lui reconnaissant être l'expression de la pluralité. Les ethnologues complexifièrent le propos en mettant en évidence les diverses identités qui le composent. Partant des études sur la culture paysanne, profitant des glissements sémantiques qui aboutissent, avec l'aide des aménageurs de la Datar à son inscription juridique, l'« espace rural » prit de l'épaisseur et de la valeur, au point, et cela semble paradoxal, qu'il exprime aujourd'hui ce pour quoi il a été forgé : une spécificité visible de la modernité. Plus qu'un bassin de production ou un conservatoire du paysage, cet espace était reconnu pour la diversité qu'il était censé contenir, et on se mit à imaginer qu'à défaut d'être paradigmatique, il pourrait être visitable… et par ce fait rentable ! Voila tout le paradoxe de la patrimonialisation.

D'après le sociologue André Micoud, « la patrimonialisation est issue de ce mouvement qui fait reconvoquer les signifiants oubliés à même de rendre possible une autre interprétation de ce qui a eu lieu ». C'est ainsi que la campagne, le « régional », a cessé d'être symboliquement la représentation immuable d'un passé qui dure. En la faisant entrer dans l'espace rural, on l'y a rangée avec ses collections et les nouveaux territoires construits à partir de la mise en exergue des fameux « restes » si chers aux anthropologues ; « restes » qui sont devenus des foyers à partir desquels vont irradier les nouveaux principes de partition d'un espace. Les choses n'ont pas commencé hier : c'est, en 1966, l'invention des parcs naturels régionaux, territoires institués par décrets au motif de la sauvegarde de la campagne, puis la création de la Mission du patrimoine ethnologique au ministère de la Culture dans les années 1980, la protection du patrimoine rural, la création des zones de protection du patrimoine architectural et urbain ; c'est aussi, à l'appui d'actions comme les Journées du patrimoine, des journées « portes ouvertes », des associations de « terroir » rassemblant des producteurs de la région affiliés à un cahier des charges, tous et tout se vivant comme des partenaires dans la mise en valeur du patrimoine départemental ou régional. Le plus étrange est que cela a fonctionné par exclusion plutôt que par inclusion.

Toujours est-il que tout concourt à faire accepter l'idée que nous sortons d'un type d'espace pour entrer dans un autre, que nous abandonnons un temps qui ne sera jamais plus, mais dans lequel on espère que survivront çà et là des lieux de mémoire du patrimoine qui entretiendront ce que Jean Viard appelle des « lieux de désirs », et que ce fragile équilibre devrait nous survivre quelque temps. On aura compris que la patrimonialisation passe par le récit ordonné de la mise en place d'institutions ayant en charge d'organiser la sauvegarde d'un passé proche ou lointain et, comme le veut la nouvelle loi du siècle, de la valoriser. Pour ce qui nous concerne, cette campagne générique plutôt que mythique procède avant tout de sa plurifonctionnalité. Et c'est la réussite de cette plurifonctionnalité qui forgera son avenir, c'est-à-dire l'avenir de ses usages et celui des populations de ses territoires.

# Territoires et politiques publiques

*Pierre-François Gouiffès,*
*maître de conférences**

Cet article a pour objet de répondre à l'aimable sollicitation de l'association Passion Céréales qui a proposé une réflexion transversale et collective sur le concept de territoire, avec un angle prospectif portant sur l'évolution de ce concept dans les quinze prochaines années. Il est proposé d'analyser ici le territoire à travers le prisme des politiques publiques.

Il s'agira d'abord de préciser les relations entre territoires et politiques publiques (1), sachant que le concept de territoire ici retenu inclut une dimension géographique, avant de regarder les spécificités françaises en la matière (2), de tracer quelques pistes de

* Pierre-François Gouiffès est inspecteur général des finances, dirigeant d'entreprise et maître de conférences à Sciences Po dans le champ des politiques publiques. Il a publié *Margaret Thatcher face aux mineurs* (Privat, 2007), *Réformes, mission impossible* (La Documentation française, 2010), *L'âge d'or des déficits, 40 ans de politique budgétaire française* (La Documentation française, 2013).

réflexion pour l'avenir, notamment avec l'impact de la contrainte croissante sur les ressources financières des politiques publiques ainsi qu'une analyse spécifique de la métropole, un territoire fortement spécifié (3), avant de s'arrêter sur les spécificités du couple territoire-politique publique concernant l'activité agricole et céréalière.

## Quelles relations entre territoires et politiques publiques ?

### Territoires

Le concept de territoire retenu ici fait la jonction entre un espace géographique délimité et des êtres vivants (des animaux aux organisations humaines élaborées) qui s'attribuent différents droits d'usage sur cet espace, le plus souvent les habitants de ce territoire mais pas seulement. L'éthologie, branche de la biologie étudiant le comportement des espèces, constate de façon très large dans le règne animal le phénomène de l'appropriation territoriale, avec la distinction chez de nombreuses espèces entre le territoire de vie domestique (nid, tanière, terrier, bauge…) dont la défense peut justifier une férocité étonnante, le territoire de subsistance ou le territoire de reproduction sexuelle.

Si on limite le propos aux sociétés humaines, l'étude des territoires consiste à analyser les relations entre l'homme et un espace délimité, « espace transformé par le travail humain » selon les termes du géographe Claude Raffestin. Le territoire est également indissociable d'une autorité (État, collectivité publique, entreprise privée, personne physique) qui déploie son pouvoir sur l'espace géographique qui le compose et est en capacité de l'imposer aux habitants du territoire. Le territoire est par essence un enjeu de pouvoir entre différents acteurs, enjeu rendant apparemment inévitables de façon périodique des conflits d'appropriation et d'autorité, conflits régulés parfois sans violence mais parfois avec, comme nous le rappellent les événements débutés en 2014 dans l'est de l'Ukraine ou tous les épisodes du conflit israélo-palestinien. Rappelons d'ailleurs, à ce titre, la rupture fondamentale de la permanence de la paix en France depuis le début des années 1960, alors qu'elle a été la puissance européenne le plus souvent en conflit armé, des Temps modernes à la Seconde Guerre mondiale.

## Politiques publiques

La notion de politique publique rassemble quant à elle quatre composantes : une autorité publique, un objet, des objectifs et un plan d'action.

*Autorité souveraine :* il n'y a pas de politique publique sans capacité de décision d'une entité disposant d'attributs de souveraineté. Cette présence inéluctable d'une autorité pose les questions de sa légitimité et de sa capacité à mettre en œuvre efficacement la politique publique en question. L'autorité souveraine qui vient immédiatement à l'esprit au vu de son rôle historique est l'État, mais il y a bien entendu d'autres tant au niveau infra- que supra-étatique.

*Cible ou objet:* une politique publique est définie par son objet et/ou son public cible, par exemple un territoire, un secteur de la société ou un aspect de la vie sociale. Le concept de politique publique est indissociable de celui de sectorisation, car la politique publique doit, pour définir sa cible, disposer d'une représentation sectorisée de la société, sachant que cette sectorisation peut être territoriale mais beaucoup plus souvent renvoyer à d'autres axes de représentation, comme cela sera défini ci-après.

*Objectifs:* une politique publique porte des objectifs, une stratégie visant à une modification du réel, souvent la transformation de l'objet de la politique publique. Les objectifs sont multiples et plus ou moins formalisés: développement économique, équité, sécurité, bien-être, etc.

*Plans d'action et moyens:* une politique publique nécessite un cadre général d'action, un plan d'action couplé à l'utilisation de moyens à la disposition de l'autorité. Les moyens principaux caractéristiques d'une autorité concernent à la fois la captation et la réallocation de ressources financières (fiscalité et budget) et le champ des normes (droit). Les ressources incluent ensuite les modalités opérationnelles de mise en œuvre ces moyens financiers et juridiques, de façon directe (utilisation de moyens propres ou régie) ou indirecte (application par les acteurs sociaux des normes édictées par l'autorité, contractualisation).

*Articulation entre territoires et politique publiques*

Concernant l'articulation du territoire-politique publique, se combinent le territoire « total », ensemble du périmètre d'action de l'autorité publique, et les infraterritoires, sur lesquels l'autorité peut décider d'organiser son action de façon unique ou différenciée.

Il est souvent considéré que la révolution industrielle commençant à la fin du XVIIIe siècle a eu pour conséquence le recul des territoires comme composante majeure des identités sociales (on était pour beaucoup de quelque part) au profit de la constitution d'identités liées à d'autre représentations, d'abord les identités professionnelles, puis les identités induites par les politiques publiques elles-mêmes, avec l'exemple majeur de la création des identités liées à la création des États providences, qui ont créé des identités comme « retraité », « mère de famille nombreuse » ou « sans emploi ». En France, c'est aussi dès la fin du XVIIIe siècle que s'opère l'unification administrative de l'État qui veut abolir les privilèges, notamment ceux d'une certaine autonomie de décision des provinces, entre autres par la création des départements.

Les politiques publiques ont ainsi fréquemment induit une sectorisation non territoriale de la société : citons pêle-mêle les agriculteurs, les entreprises de taille intermédiaire (ETI), les étudiants, les handicapés, les délinquants récidivistes, les personnes âgées dépendantes, les victimes de catastrophes naturelles… La structuration de la société se retrouve ainsi, par exemple, dans la composition du gouvernement et les attributions des ministres, dans la liste des niches fiscales, ou, dans le domaine budgétaire, sur les « missions » de la loi organique sur les finances publiques (LOLF) définies comme « un ensemble de programmes concourant à une politique publique définie », ou dans la classification ONU des fonctions des administrations publiques qui liste les grands pans de politique publique : affaires économiques, éducation, santé, ordre public et autres.

Dans cette logique, chaque secteur de la société va essayer, *via* ses représentants, d'optimiser ses objectifs spécifiques (maintenir la capacité opérationnelle des armées, augmenter le revenu des agriculteurs…), cela en concurrence avec les autres. L'action publique, à travers l'ensemble des politiques publiques, est censée permettre de gérer les antagonismes intersectoriels dans un univers de ressources rares.

Le territoire a ainsi largement été débordé par d'autres catégories mais les limites de cette sectorisation extraterritoriale, basée sur une conception verticale de la société, vont s'avérer croissantes : le constat a été progressivement celui d'une perte d'efficacité des modes de régulation fondés sur la représentation sectorisée, voire corporatiste, de la société et la recherche de nouvelles formes de proximité.

## Spécificités françaises

Les principes génériques décrits ci-dessus doivent être mis au service de l'analyse des spécificités de la situation française.

### Organisation institutionnelle des territoires français

La « carte administrative » française combine l'État et son organisation (administrations centrales et services déconcentrés, rôle territorial du préfet, distinction entre l'État au sens strict et ses opérateurs, 2,5 millions de fonctionnaires d'État auquel il faut ajouter 1,1 million de la fonction publique hospitalière) et le système des collectivités locales dont l'empilement fait l'objet de commentaires critiques croissants sous le terme pâtissier de « mille-feuille territorial ».

Qu'on en juge : 36 767 communes, 2 145 intercommunalités à fiscalité propre et 13 402 syndicats intercommunaux, 101 départements, 27 régions. Ces collectivités locales qui emploient 1,8 million de fonctionnaires territoriaux, disposent depuis 2003 d'une autonomie constitutionnelle, n'entretiennent entre elles aucun lien de subordination – soit un nombre total de cinq niveaux, avec l'État, à l'origine d'un émiettement sans comparaison avec les autres pays européens.

Les mouvements de décentralisation de 1982 et de 2003 ont transformé les exécutifs locaux des intégrateurs de politiques publiques, souvent plus puissants qu'un État éclaté, et ont permis un renouvellement de politiques publiques localisées qui coexistent avec les politiques sectorielles verticales nationales, mais souvent au prix d'une perte d'efficacité (augmentation massive des ressources publiques) et de lisibilité. La situation présente est ainsi marquée par la multiplication de cofinancements de politiques publiques locales, liée entre autres à la fameuse « clause de compétence générale » qui donne la possibilité à toute collectivité d'intervenir financièrement dans toute politique publique à côté de ses compétences obligatoires.

*Moyens territoriaux des politiques publiques en France*

Sur le plan budgétaire et financier, les dernières décennies sont marquées par le recul relatif de l'État dans les dépenses publiques (23 % du PIB) : la dynamique des dépenses s'est concentrée sur la Sécurité sociale (désormais 26 % du PIB, soit la première dépense) et les collectivités locales (12 %), dont les dépenses ont le plus progressé. Il n'en demeure pas moins que les dépenses nationales (État et Sécurité sociale) dominent : plus des quatre cinquièmes du total.

Le tableau ci-dessous indique la collectivité en charge du financement pour ses différentes fonctions qui correspondent à autant de politiques publiques.

*Dépenses des administrations publiques ventilées*
*par fonction moyenne 2000–2009*

| | État et ses opérateurs | Sécurité sociale | Collectivités locales |
|---|---|---|---|
| 1 : services publics généraux | 80 % | 1 % | 18 % |
| 2 : défense | 100 % | | |
| 3 : ordre et sûreté publics | 83 % | | 17 % |
| 4 : affaires économiques | 64 % | | 36 % |
| 5 : protection de l'environnement | 18 % | | 82 % |
| 6 : logement et développement urbain | 20 % | | 80 % |
| 7 : santé | 3 % | 96 % | 1 % |
| 8 : loisirs, culture et religion | 74 % | | 26 % |
| 9 : éducation | 74 % | | 26 % |
| 10 : protection sociale | 26 % | 65 % | 9 % |
| **Total dépenses** | **42 %** | **40 %** | **18 %** |

Source : calcul de l'auteur sur la base des données INSEE.

Au-delà de cette vision purement financière, Laurent Davezies a démontré dans un récent essai que la composante financière des politiques publiques nationales (fiscalité et dépenses publiques de l'État et de la Sécurité sociale) a durablement induit des mécanismes puissants de redistribution et en ont fait un puissant instrument de cohésion territoriale en France : le budget public « opère aujourd'hui, sans intention proprement territoriale, des prélèvements à peu près proportionnels au revenu des ménages et donc des territoires ; dans un deuxième temps, il effectue des dépenses à peu près égales par habitant. Ce simple mécanisme, qui transfère des dizaines de milliards d'euros des espaces "riches" vers les espaces "pauvres", permet d'assurer un équilibre de développement territorial […] les disparités de PIB régionaux par habitant ont eu tendance à se creuser depuis trente ans, ce sont ces transferts qui expliquent la réduction continue des disparités interterritoriales de revenu par habitant ».

Laurent Davezies considère notamment que les territoires les plus riches du pays sont depuis longtemps non pas bénéficiaires au jeu des budgets publics, mais contribuent au contraire aux transferts dont bénéficient les autres territoires. Ce phénomène est à l'origine de la réduction des disparités de revenu entre les régions et les départements depuis plus de quarante ans. Ces différents mécanismes aboutissent à une typologie du territoire métropolitain français entre quatre zones suivant un double axe : « marchand-non marchand » et « en difficulté-dynamique ». La France non marchande représente ainsi les deux tiers de la superficie et plus de la moitié de la population.

En ce qui concerne les normes, on constate la montée en puissance de l'Europe mais également le maintien du rôle central de l'État dans la production normative, cela *via* la primauté donnée à la loi, expression de la volonté générale et construction qui se veut globale et définitive. Les collectivités locales (et les partenaires sociaux dans le domaine social) sont plutôt maintenus en situation de mineurs devant principalement respecter une norme juridique qui est de moins en moins la formalisation de quelques règles essentielles dont l'application et l'interprétation seraient laissées à l'initiative des acteurs de terrain, mais est au contraire définie de façon extrêmement détaillée, pour tenter de définir *a priori* tous les cas de figure et de répondre, *ex cathedra*, à toutes les situations. D'où une inflation normative très conséquente : ainsi le recueil des lois édité par l'Assemblée nationale est-il passé de 632 pages en 1980 à plus de 2 000 aujourd'hui.

*Évaluation du niveau de centralisation/décentralisation*

Les actes de décentralisation de 1982 et de 2003 n'ont au final pas changé le regard d'observateurs extérieurs sur le caractère encore fortement centralisé de la France. Ainsi l'OCDE indique dans un rapport de 2007 que « la France reste un pays relativement centralisé. L'État garde une responsabilité entière dans relativement peu de domaines, la défense, la politique extérieure, et les retraites par exemple mais il les partage dans beaucoup d'autres avec les collectivités territoriales, gardant souvent un rôle important ».

De même, une étude réalisée en 2009 par l'institut économique suisse BAK Basel pour l'association des régions européennes a calculé pour tous les pays européens un indice de décentralisation, la décentralisation étant définie comme la somme des compétences des juridictions infranationales. Cet indice, qui analyse tant les compétences financière que la décentralisation des décisions, place la France en dessous de la moyenne européenne. Surtout, la France apparaît comme le plus centralisé des six grands pays européens : Allemagne (de loin le grand pays le plus décentralisé), Espagne, Italie, Royaume-Uni, Pologne.

## Quelques perspectives

Deux éléments de perspective, enfin, sur l'articulation entre politiques publiques et territoires : l'impact de la tension sur les finances publiques en France et en Europe d'abord, le phénomène de métropolisation ensuite.

*Impact de la contrainte de finances publiques*

La pression croissante, voire obsédante, sur les finances publiques ne pourra pas être sans conséquences sur les dépenses dans les territoires. Laurent Davezies a indiqué que les mécanismes de péréquation nationaux avaient servi de puissants amortisseurs pour de nombreux territoires lors des récessions des années 1970 à la fin des années 2000. La contrainte de ressources pourrait à l'avenir remettre en cause ces évolutions et accroître les diversités territoriales.

Par ailleurs, il ne semble pas possible que se poursuive durablement la divergence entre des dépenses financées par les collectivités locales particulièrement dynamiques et celles des autres administrations. Il faudra probablement combiner leur implication dans la contrainte globale de financement avec un renforcement de leur autonomie de gestion, passant notamment à un pouvoir normatif effectif alors que ce dernier demeure encore aujourd'hui un monopole de fait des structures étatiques centrales.

Enfin, la question croissante pour les politiques publiques de leur efficacité (adéquation des résultats aux objectifs), de leur efficience (adéquation des résultats aux moyens consacrés) et de leur légitimité pose la question de l'articulation des compétences entre les différentes autorités sur un territoire. Il s'agit de faire le meilleur usage possible de moyens naturellement contraints, ce qui pourrait constituer une ligne de conduite constante.

## Les métropoles, territoires dominants d'aujourd'hui et de demain ?

Plusieurs études récentes s'attardent enfin sur le concept de métropole (issu du grec *métropolis*, « ville mère »), ville principale ou dominante d'un territoire du fait de l'importance de sa population, de ses activités économiques et culturelles, de ses ressources scientifiques, économiques et de formations abondantes et de haut niveau.

On observe en effet partout dans le monde une concentration du développement économique dans les métropoles. France Stratégie constate que les dix régions françaises qui comptent au moins une métropole sur leur territoire concentrent aujourd'hui 67 % de la population, 76 % du PIB, 70 % des pôles de compétitivité et 80 % des laboratoires d'excellence, tandis que la croissance a été en moyenne annuelle de 1,6 % dans les quatorze grandes métropoles entre 2000 et 2010 quand elle n'était que de 1,1 % sur l'ensemble de la France. Il se passe la même chose aux USA avec la concentration de la croissance depuis la récession de 2008 sur des *powerhouse metros* comme San Francisco, New York ou Washington.

La globalisation économique semble donc s'accompagner d'une surlocalisation sur des sites ultraproductifs à la pointe de l'innovation et de la croissance. L'explication la plus souvent avancée lie le développement économique à une innovation « en réseau » naissant des interactions formelles et informelles entre universités, entreprises et investisseurs, constituants fondamentaux de la « soupe biologique » indispensable à l'économie entrepreneuriale de l'innovation évoquée en 2009 dans le rapport *Mobiliser les territoires pour une croissance harmonieuse* de Christian Saint-Étienne (La Documentation française, 2009), soupe qui ne peut se former que dans le bol constitué de réseaux de transport et de communication et de concentration de capital humain.

Cette nouvelle donne entre développement économique et territoire appelle à son tour une adaptation des politiques publiques : l'enjeu est que les métropoles maximisent leur potentiel de croissance à la base de la croissance nationale, et que celle-ci se diffuse et profite à l'ensemble des territoires. Il faut ainsi empêcher tout frein à la croissance des métropoles, d'où des recommandations visant à encadrer strictement le pouvoir des autorités locales dans le domaine de l'urbanisme et du logement afin de favoriser l'installation des talents dans la métropole. D'autres recommandations de politiques publiques concernent l'organisation des interactions entre la métropole et les territoires périphériques, *via* notamment les politiques de transport et d'infrastructures.

## Quelle place pour l'activité agricole et céréalière dans l'articulation territoires-politiques publiques ?

La catégorisation « agriculteur », qui organisait un peu par nature le lien entre une profession et une territorialité, a dû faire face à l'affaiblissement de cette relation presque exclusive entre un territoire et une identification catégorielle, suite à la chute vertigineuse de la population agricole (qui « saturait » le territoire avant) puis, sur le plan institutionnel, à une chute tout aussi sévère de la représentation des professions agricoles dans les instances élues des territoires.

En ce qui concerne les politiques publiques, il y a d'une part les thématiques transversales (sécurité et approvisionnement alimentaire, développement économique de filières générant des excédents commerciaux importants) mais également des thématiques liées à la coexistence et aux conflits d'usages des territoires entre les producteurs et d'autres parties prenantes. Citons par exemple :

– l'usage du foncier avec l'enjeu de l'artificialisation des sols pour des usages résidentiels industriels et commerciaux ;

– l'occupation de l'espace face à des risques de désertification ;

– les enjeux de développement durable comme de l'usage de l'eau ou la nature des semence ;

– la traçabilité des productions agricoles avec l'identification des origines territoriales des produits agricoles et alimentaires (mentions d'origine, encouragement de pratiques de production).

Rappelons enfin que les débats autour de l'urbanisation et de la métropolisation du monde amènent à s'interroger sur la subsistance alimentaire des populations des métropoles modernes de manière sûre et saine, question qui semble sans objet en France mais se pose pourtant de façon aiguë dans les métropoles de l'hémisphère sud, comme, par exemple, Lagos.

# Les pays européens et le territoire nouveau : question de responsabilité

*Ezra Suleiman,*
*professeur de politique à l'université de Princeton*[*]

Lorsque l'Union européenne a été créée, après la dévastation de la Seconde Guerre mondiale, le rêve de la plupart des pères fondateurs était la fin des conflits et le début de la création d'un État fédéral. L'effacement, voire la disparition, de l'État-nation était et reste l'objectif de nombreux fédéralistes. Ce rêve est préservé à travers les mesures de nature fédérale (l'euro, la BCE, les multiples autres institutions transnationales). L'Europe était conçue comme étant sur le chemin de l'unité économique et politique.

Reconnaissons que les accomplissements de cette communauté de plus de 500 millions d'habitants

_____

[*] Ezra Suleiman est professeur de sciences politiques à l'université de Princeton (chaire IBM). Spécialiste des institutions et des politiques européennes et françaises, il a écrit pour différents titres de presse français et américains. Il est l'auteur de nombreux livres dont plusieurs ont été traduits en français.

ont été rien de moins que remarquables. L'Union européenne est la plus grande économie mondiale puisque son PIB est plus important que celui des États-Unis. Elle est également la plus grande importatrice, ce qui fait que son impact sur l'économie mondiale est considérable. Un nombre important de ses lois et de ses directives ont priorité sur celles des États membres. Mais l'Union européenne n'a pas de pouvoir en matière d'impôts et bon nombre de secteurs (éducation, immigration, culture, affaires étrangères et défense) restent des domaines réservés aux États membres. Un des secteurs clés que les États ont cédé aux autorités fédérales est l'agriculture, qui représente près de la moitié du budget de l'Union européenne.

Certes, l'État-nation existe bel et bien toujours et il n'est pas près de disparaître. Cela dit, la population de chaque pays membre vit « le territoire » d'une façon variée. Les enseignants et les intermittents du spectacle ou les producteurs de films en France existent dans un territoire délimité, la France telle qu'ils l'ont toujours connue. Quant aux agriculteurs ou aux opposants de Google ou d'Amazon, l'essentiel se règle à Bruxelles. La réglementation du commerce n'est plus traitée bilatéralement, mais entre, par exemple, les États-Unis et la Commission européenne.

Les agriculteurs manifestent leurs exigences et leur colère sur le territoire français et à Bruxelles.

De même que les opposants à certaines fusions d'entreprises qui risquent de créer des positions quasi monopolistiques.

Ce n'est pas un hasard si le nombre des cabinets de *lobbying*, d'avocats, de publicistes et de comptables a connu une telle augmentation à Bruxelles. Ces forces économiques se placent toujours là où le pouvoir se trouve. Être présent dans deux endroits – local et central – existe dans tous les pays fédéraux. La différence entre certains pays européens et les États-Unis est que les Américains sont depuis la naissance de leur pays dans une situation de navigation entre les États et le fédéral. En Europe, et particulièrement dans un pays centralisé comme la France, ce partage est nouveau. Donc opérer sur les deux niveaux crée des conflits, des ajustements et des frustrations et nécessite des changements de stratégie qui, en soi, créent des complications d'organisation.

Et si la notion et la réalité du territoire ont évolué pour les secteurs de l'économie à cause du partage d'autorité entre la nation et l'Union européenne, cette évolution a été exacerbée par la mondialisation. Les États membres habitent aujourd'hui dans trois zones : nationale, européenne et mondiale. Tout ce qui se passe dans ces trois zones les touche de près ou de loin.

## Les secteurs de l'économie

Le changement du concept de territoire dans lequel il faut agir et auquel il faudrait constamment s'adapter est un mouvement qui ne va pas s'arrêter. Il crée et créera des bouleversements dans les habitudes, les mœurs et les stratégies de la population et des pays.

La mondialisation n'est pas admise de la même façon par tous les pays. La France, bien qu'intégrée dans le monde mondialisé, a eu plus de mal que ses voisins à accepter les changements négatifs de ce nouveau phénomène. Pour certaines industries, la mondialisation a offert des opportunités tandis que, pour d'autres, elle a créé des difficultés considérables. La France continue de lutter ou de faire semblant de lutter contre la mondialisation.

La mondialisation n'est pas simplement une ouverture des frontières et une compétition acharnée. Elle est aussi la création d'institutions internationales qui tentent de régler les commerces ou de satisfaire les pays, qui ont des exigences variables. Un certain ordre est toujours nécessaire dans un monde sans autorité centrale.

Ajoutez à cela la pression pour des règles nouvelles d'ordre moral et on voit pourquoi la mondialisation crée ces dislocations, dans les pays émergents comme dans les pays développés.

## Territoire et État-nation

Malgré les transformations du concept de territoire, il n'en reste pas moins important que l'organisation des sociétés reste dépendante de l'État-nation. Ni des accords fédéraux, ni un fédéralisme élargi, ni même un confédéralisme qui a impliqué des concessions importantes de souveraineté n'ont effacé l'État-nation.

Les citoyens existent en premier lieu dans le contexte de leur État-nation. Ce contexte peut prendre plusieurs formes, d'une démocratie au pire régime dictatorial. Il n'empêche que chaque État reste souverain sur son territoire. En fait, la souveraineté implique la responsabilité non seulement pour la défense contre des attaques de l'extérieur, mais aussi pour la sécurité des personnes à l'intérieur. L'État est également responsable de ses finances, de son budget et de son taux d'imposition. Bref, la responsabilité pour la défense du territoire ainsi que pour le bien-être des citoyens incombe à l'État, et donc à ceux qui le dirigent.

Pourquoi est-il important de souligner cela ? Parce que malgré le fait que le monde est devenu « plus petit », c'est-à-dire interdépendant, on remarque une tendance, plus en France sans doute qu'ailleurs, à se cacher derrière la mondialisation ou la « concurrence déloyale » ou la « crise générale », de manière à ce que ceux qui dirigent le pays n'aient qu'à attendre que ces phénomènes passent ou disparaissent pour que les jours heureux reviennent.

La France (ou plutôt ses dirigeants) a toujours eu un penchant à affirmer qu'elle est exceptionnelle à de nombreux égards, soit parce qu'elle a toujours suivi une politique « exceptionnelle » (exception culturelle), soit parce qu'elle a possédé des valeurs universelles, soit parce qu'elle a inventé un « modèle social ». Si on était maître en son royaume et si on pouvait développer des politiques « exceptionnelles », n'aurait-on pas la responsabilité d'assurer le succès de ces conditions ?

La réponse des dirigeants a été de se réfugier dans la phrase : « Ce n'est pas notre faute, le monde a changé. » Là où ils ont raison, c'est de dire que « le monde a changé ». C'est vrai qu'il n'y a plus de colonies, qu'il y a des pays plus larges que la France qui émergent, des populations qui travaillent plus dur que les Français, qui exportent et qui innovent et qui les ont rattrapés. Aujourd'hui, il est de bon ton de proclamer que c'est la faute de l'Europe. Comment, après avoir été la championne, voire un moteur, de l'Europe, la France peut-elle blâmer l'Union européenne pour ses problèmes économiques ?

## La France dans le monde nouveau

Malgré les concessions que les pays membres de l'Union européenne ont faites sur la souveraineté, il n'est pas possible de blâmer cette Union pour les maux dont plusieurs économies souffrent. Nous avons constaté, pendant les années de la crise récente (2008-2012 surtout), que chaque pays souffrait de problèmes particuliers. La Grèce avait ses dettes ; l'Espagne avait sa bulle immobilière, comme les États-Unis ; la France n'avait pas de problème de crédit facile mais celui d'une économie molle, un taux de chômage élevé et, surtout, une perte de compétitivité. Tout cela pour dire que la zone euro n'était pas la responsable, même si la zone euro a empêché les États d'entreprendre des mesures (principalement la dévaluation) qu'ils prenaient autrefois.

Tous les voisins de la France ont connu les mêmes changements que la France et se sont adaptés aux nouvelles conditions beaucoup mieux que la France. Il suffit de mentionner l'Allemagne, la Suède, les Pays-Bas, la Grande-Bretagne. Tous ont connu des périodes difficiles et tous ont traversé ces périodes pour en sortir renforcés.

Pourquoi la France a-t-elle cherché la faute de ses difficultés dans les changements du monde, dont elle a eu une grande responsabilité pour certains, comme la construction de l'Union européenne ?

Il y a deux raisons à cela. La première est que la France a sans doute pensé qu'elle pouvait diriger, et donc maîtriser, ces changements. Cela a certainement été le cas concernant l'Union européenne. Après tout, la France a apporté le plus fervent soutien à l'élargissement de l'Union après 1989. Et il était évident à l'époque qu'une Union tellement élargie ne pouvait pas fonctionner comme une Union plus réduite. De plus, la France a surestimé son poids dans une Europe où des pays avec une grande histoire comptaient s'affirmer. Bref, le territoire que la France pensait créer et diriger n'était pas celui auquel elle a beaucoup contribué à donner naissance.

La deuxième raison tient au fait que le pays a mal apprécié les phénomènes qui étaient en train de bouleverser le monde. Même aujourd'hui, la France est pratiquement le seul pays en Europe où le parti au pouvoir (et même au sein du gouvernement, au moins pendant les deux premières années) contient des personnalités qui ressemblent au roi Canut qui pensait être capable d'arrêter les vagues de la mer. L'hostilité à la mondialisation reste une force importante dans le pays. On a simplement du mal à accepter que ce phénomène va s'accélérer et que la seule façon de ne pas être négativement affecté par la mondialisation est de l'accepter totalement. Beaucoup d'hommes politiques continuent à véhiculer l'image d'une France existant dans un territoire où elle maîtrise sa monnaie, où elle maîtrise son économie, où elle est libre de dévaluer, etc.

### Être en paix avec le territoire

Il est évident que les problèmes économiques de la France ne datent pas de l'élection de François

Hollande en 2012. Depuis 1975, le budget de la France a toujours été déficitaire. Cela implique que la dette du pays n'a pas cessé de croître depuis trente-cinq ans. Et faisant partie de l'Union européenne (et de la mondialisation), la France n'est plus libre d'adopter les mesures qui lui semblent bonnes. Elle ne peut pas lutter contre le territoire auquel elle appartient. Le Premier ministre peut marteler que « la France décide seule de sa politique économique » tout en sachant qu'aucun pays ne peut plus décider seul. Et si elle décide seule, il n'est plus nécessaire d'aller négocier à Berlin ou à Bruxelles.

Le modèle dont le pays a toujours été fier – son modèle social – est-il toujours tenable tel qu'il existe aujourd'hui ? La France peut-elle se vanter de sa politique culturelle exceptionnelle qui consiste à subventionner une bonne partie de ses productions cinématographiques et théâtrales, sans parler des musées et de la préservation de son patrimoine ?

La France a choisi de vivre dans un territoire élargi tout en gardant le mythe d'un État à la souveraineté restée intacte. Ce *clash* avec la nouvelle réalité du nouveau territoire dans lequel elle se trouve et dans lequel elle a cherché à accéder a réduit la marge de manœuvre du pays, comme, d'ailleurs, pour tous les membres de l'Union européenne.

Il y a une série de réformes structurelles que la France soit n'a pas abordées, soit a toujours abordées d'une manière timide. Ce dilemme ne peut se résoudre que si la France reconnaît cette réalité et accepte de procéder aux réformes qui s'imposent et auxquelles elle résiste depuis plus de trente ans. Le pays compte de nombreuses administrations d'analyse (de l'INSEE à la Cour des comptes) coûteuses et compétentes et qui produisent des rapports. Les gouvernements disposent d'informations détaillées sur la société et sur l'économie ainsi que sur les projections dans l'avenir.

La situation démographique de la France à elle seule appelle la nécessité de réformer le système des retraites, l'État providence, la scolarité, le financement de la culture et les rentes de centaines de groupes. L'incapacité de faire un effort (un investissement crucial) pour la jeune génération aura un impact sur la santé et la retraite de la génération X.

La France a négligé d'établir une distinction entre ses dépenses courantes, qui soutiennent son « modèle social », et les investissements pour l'avenir. Comme l'a bien mesuré Jean Fourastié il y a plus d'un demi-siècle, le progrès social est lié au progrès économique, qui est lui-même lié au progrès technique et, en fin de compte, aux investissements[1].

Le changement du territoire dans lequel opère la France ne l'empêche pas d'adopter les mesures et les

---

1. Jean Fourastié, *Machinisme et bien-être*, Paris, Minuit, 1961.

réformes nécessaires. Même une reprise spectaculaire de l'économie mondiale qui aiderait les pays européens ne résoudrait pas les problèmes auxquels la France est confrontée. Les « contraintes » de la mondialisation ou de l'Union européenne ne doivent pas empêcher la France de s'attaquer aux réformes contre lesquelles elle ne peut plus résister.

## Globalisation et agriculture

Certains pays, dont la France, et particulièrement leurs hommes politiques, continuent à entretenir une image d'Épinal de la façon dont leur agriculture est organisée. Cette image, qu'elle soit propagée en France, aux États-Unis ou dans la plupart des pays développés, concerne la structure agricole qui nous nourrit, à savoir la petite ferme de quelques hectares et quelques bêtes.

Dans un monde de plus en plus urbanisé, on trouvera peu de gens qui prennent cette image au sérieux. On savait dès la période d'après-guerre que la structure qui a duré jusqu'à la première moitié du XXe siècle n'avait aucune chance de survivre. Henri Mendras avait noté le changement révolutionnaire qui allait se produire dès 1967, date de la publication de son livre *La Fin des paysans*. Bien que l'ouvrage ait créé une controverse, personne ne dira que ce grand sociologue du monde rural s'est trompé en prédisant le changement du mode de production tel que les paysans le connaissaient vers des méthodes de production essentiellement capitalistes. Ce changement est-il reconnu et est-il avouable ?

Il est évident qu'on s'est accroché au mythe du monde rural au-delà de toute utilité que ce mythe pouvait avoir à une certaine époque, en particulier dans la période d'après-guerre. Comme on aime faire des « exceptions » des secteurs en France, on en a fait une pour l'agriculture. La culture étant devenue sacrée, et le livre n'étant pas considéré comme une marchandise, l'agriculture a bénéficié du même statut. « Les produits agricoles ne sont pas des marchandises comme les autres », disait le président Jacques Chirac.

Il est vrai que la libéralisation du marché agricole a des opposants qui possèdent de bonnes raisons. La diversité des conditions de production, la diversité des terrains et des dimensions des exploitations agricoles rendent peu praticable l'application de règles uniformes et applicables à tous.

Pour ce qui concerne la dimension des exploitations agricoles, on constate une diversité impressionnante. L'exploitation moyenne en Chine est d'un hectare. En France, elle est de 55 hectares ; aux États-Unis, de 155 hectares. La consolidation des exploitations continue le chemin emprunté depuis plusieurs décennies. Ce qui est néanmoins incontestable, c'est que la diversité des dimensions des exploitations agricoles sera une condition *sine qua non* dans l'avenir lointain.

Comment un pays, même un énorme pays comme la Chine, peut-il concurrencer un pays dont la dimension de beaucoup d'exploitations agricoles est de l'ordre de plusieurs centaines de milliers d'hectares ? La plus grande exploitation agricole se trouve en Australie et elle compte 2,5 millions d'hectares ! Il ne peut y avoir aucune compétition entre des pays possédant des exploitations de centaines de milliers d'hectares et ceux dont les moyennes restent autour de 10 à 20 hectares.

Mais tout comme le monde ne pourrait exister avec moins d'acier ou de bois, il ne peut survivre sans l'augmentation de la production agricole pour faire face à l'augmentation de la population mondiale. Et il reste une différence de taille entre les pays développés, dont le problème était pendant des années la restriction de leur production, et ceux qui n'ont pas les moyens de se nourrir.

Le grand défi des années devant nous sera de trouver une entente sur les règles mondiales qui prendront en compte les disparités entre les pays développés, et ceux en voie de développement. Ces règles devraient faciliter l'augmentation de la production agricole pour faire face à une population de 9 milliards autour de 2060.

Le problème n'est guère perçu de la même façon des deux côtés. Du côté des pays en voie de développement, la faim reste un problème quotidien. Du côté des pays développés, où le soutien à la population est depuis des décennies considérable (ce soutien, en Europe, représente presque la moitié du budget de l'Union européenne), comment expliquer aux agriculteurs français que lorsqu'ils saccagent des supermarchés ou lorsqu'ils attaquent des camions espagnols ou portugais pour déverser leurs produits sur l'autoroute, cela n'est pas compréhensible pour ceux qui souffrent de la faim ?

En fait, le progrès technique accompli par le secteur agricole, et le succès qui en a résulté, fait en sorte que tout le monde ne peut pas en tirer profit de la même façon pendant de longues années. Le secteur agricole dans l'Union européenne a été très protégé et a bénéficié de subventions qui sont inconnues dans d'autres secteurs. Il est normal que les agriculteurs continuent à demander le même ordre de subvention et de protection.

Le temps est peut-être arrivé pour un discours ou une pédagogie qui explique que le succès du monde agricole en France est à l'origine du manque de compétitivité. Que la globalisation ne peut pas protéger de la compétition venant des pays voisins. Mais que le monde aura encore plus besoin de leur capacité productive car il faut nourrir des millions et des millions de personnes en plus. Le monde globalisé est un monde ouvert aux transactions, aux frontières et aux échanges. Une telle pédagogie aidera le monde agricole à faire face à ce nouveau monde en lui permettant de laisser derrière lui le mythe du fondement rural du pays. Le monde paysan est mort il y a longtemps mais il n'est pas tout à fait entré dans le monde capitaliste. Et maintenant, cela ne pourrait plus être tout à fait évité.

C'est en premier lieu aux responsables politiques d'expliquer au monde agricole français que ce qui a remplacé le monde des paysans est un monde organisé selon des règles capitalistes, avec néanmoins des protections, et surtout avec l'énorme responsabilité de nourrir une population en augmentation constante. Et c'est aux responsables et aux dirigeants mondiaux de trouver un accord entre les pays développés avec de grandes exploitations et les pays émergents avec de petites exploitations. L'échec du Cycle de Doha ne devrait pas se reproduire car les conséquences seraient bien plus graves dans le temps.

# Faire territoire aujourd'hui
## Enjeux et défis

*Anne-Claire Vial et Guillaume Dhérissard,*
*présidente et directeur de Sol et Civilisation**

Pourquoi attacher encore de l'importance aux territoires quand les vagues de la mondialisation balaient frontières et repères et que la mobilité des hommes est devenue un fait de plus en plus partagé ? Aujourd'hui, en effet, les territoires semblent perdre en substance au profit des réseaux et des flux. L'explosion des

---

\* Anne-Claire Vial est agricultrice. Son exploitation produit des semences et de l'ail IGP de consommation. Elle exerce des responsabilités au niveau de sa région : présidente de la chambre d'agriculture de la Drôme et membre du bureau de la chambre régionale d'agriculture, membre du CESER, membre du Comité de bassin de l'Agence Rhône-Méditerranée & Corse ; et au niveau national : secrétaire générale de l'AGPM et présidente de Sol et Civilisation.
Ingénieur agronome et prospectiviste, Guillaume Dhérissard dirige Sol et Civilisation depuis 2007, *think tank* proche du monde agricole qui investit les questions liées aux stratégies d'innovation et de changement dans les territoires. Il est par ailleurs correspondant national de l'Académie d'agriculture de France dans la section environnement et territoires.

mondes virtuels, le développement des échanges et des voyages, la fonctionnalisation des lieux (travail, loisir, repos) font que l'homme reconnaît la proximité ou le lointain mais peine à reconnaître l'intérêt d'un espace « méso » qui serait utile, voire stratégique. Y a-t-il encore un sens à faire territoire ? Quel est l'intérêt du territoire pour le monde agricole ?

## Le territoire, un lieu pas comme les autres

À l'évidence, l'homme n'est pas posé sur la terre comme un objet sur une table. Toute les civilisations le démontrent avec force, la terre ne nous est jamais indifférente, chaque groupe humain y porte toujours bien d'autres attentions. Le territoire est ainsi une notion ancienne. Dans un sens premier, le territoire, du latin *territorium*, terre appropriée, repose sur l'idée d'appropriation d'un espace par un groupe humain. Le territoire n'est donc pas qu'un lieu géographique mais renvoie surtout à un processus de construction d'une communauté humaine sur un espace-ressource qui fait sens. Par rapport à la terre, nous construisons des mondes.

Le territoire ne se réduit pas pour autant au « local ». Le « local » est en effet le lieu de la proximité. Le territoire est, lui, corrélé au projet et à la communauté qui le fait émerger. C'est un construit stratégique plus qu'un espace restreint. Trois phénomènes permettent *in fine* de l'identifier : une discrimination entre un intérieur et un extérieur, un sentiment d'appartenance et une organisation de gestion capable de répondre à un dessein. Depuis toujours donc, le territoire est un espace pour le développement. Aujourd'hui, que l'échelle soit la planète sur les questions climatiques, l'espace euro-méditerranéen pour les problématiques alimentaires et les partenariats agricoles, les bassins versants pour la gestion de l'eau, le territoire est certes à géographie variable mais reste un espace organisé pour agir ensemble.

Hier, avec le développement dit « local », le territoire, vu essentiellement comme un espace identitaire, était mobilisé pour ses ressources propres, matérielles comme immatérielles. Il apparaissait comme une réponse à la standardisation et à la massification des marchés. L'initiative locale était portée par des groupes sociaux agissant à une échelle de proximité, d'où la qualification de « local » que nous avons déjà évoquée. Le développement induit était endogène. Le « territoire résistance » portait ainsi l'espoir qu'un autre chemin était toujours possible dans la globalisation.

Avec les crises économiques et le recul progressif de l'État-nation, le territoire devient ensuite un cadre cohérent pour mobiliser les acteurs et intégrer leurs projets dans une dynamique collective. L'action est ici ascendante, partenariale et intégrée. Le territoire, dans un monde de plus en plus concurrentiel, est source de compétitivité, 1 + 1 faisant 3 plutôt que 2. C'est l'émergence des *clusters*, plus tard des pôles de compétitivité, et plus récemment encore « des éco-systèmes de l'innovation » encouragés par le Conseil d'analyse économique[1]. L'idée de base est que la mise en synergie des acteurs, publics comme privés, la mutualisation des moyens, dont la recherche et la formation, l'optimisation des infrastructures génèrent des plus-values et amènent des économies d'échelle.

Aujourd'hui, le territoire identitaire ou cadre de projet reste évidemment pertinent, la globalisation appelant toujours plus de local et la mondialisation plus de force collective. Il nous apparaît néanmoins que de nouvelles préoccupations le font aujourd'hui réémerger avec plus de vigueur encore.

Par l'appel au décloisonnement et à la transver-salité qu'il suscite, le territoire offre en effet la possi-bilité de nouer les médiations ou les intermédiations nécessaires à la résolution de problématiques deve-nues complexes. Or notre époque, avide de solutions durables, en est de plus en plus traversée : comment concilier protection de l'environnement et développe-ment économique ? Comment lier démarche indi-viduelle et exigence collective ? Comment créer de la

---

1. Michel Godet, Philippe Durance, Marc Mousli, *Réactivité et inno-vation dans les territoires*, rapport du Conseil d'analyse économique, La Documentation française, septembre 2010.

croissance dans un monde de ressources finies ? Pour de nombreux sujets, il convient désormais d'associer dans l'action de multiples dimensions *a priori* contradictoires et d'articuler les stratégies d'acteurs parfois divergentes. Bien plus qu'un espace géographiquement figé, le territoire apparaît aujourd'hui comme une matrice essentielle pour relier ce qui est malheureusement disjoint. S'accorder pour gérer des biens communs, trouver des synergies positives entre acteurs, innover et générer de nouvelles valeurs ajoutées, voilà des enjeux de notre époque où le territoire peut être effectivement davantage un catalyseur de solutions.

Il n'en reste pas moins que, malgré ses vertus, le territoire apparaît comme une source de contraintes alors qu'il porte en lui, semble-t-il, les germes d'une nouvelle modernité. Comment expliquer ce paradoxe ? Est-ce un simple déficit d'image ? Pas seulement. Faire territoire, c'est-à-dire résoudre ensemble des problématiques reconnues comme communes sur un espace pertinent reste un défi qui épuise les plus convaincus.

### Faire territoire, un vrai défi

Cela demande tout d'abord une ingénierie du « faire ensemble » souvent absente. Faire territoire n'est en effet pas naturellement émergent, les acteurs ont par nature leur intérêt et leur stratégie propre, qu'il convient d'articuler sans pour autant nier les singularités de chacun. Une fonction d'animation-médiation est donc nécessaire. Celle-ci doit permettre d'associer les expertises présentes ou non, de faciliter la rencontre entre les acteurs et d'identifier avec eux les jeux gagnant-gagnant. Qui finance dans la durée cette ingénierie, qui est légitime pour la porter ?

Il convient également d'activer une gouvernance dédiée à ce type de problématique. Celle-ci doit permettre effectivement d'agir ensemble sur un espace jugé pertinent. Cette gouvernance, qui ne se substitue pas aux dispositifs institutionnels existants mais qui les complète, doit permettre à de multiples acteurs concernés de piloter le changement tout en les sécurisant dans leur implication. Elle doit faciliter la négociation et la décision en commun. Or ce périmètre de l'agir ensemble ne correspond pas, très souvent, aux limites administratives existantes. Il faut alors savoir les dépasser mais les forces de rappels – techniques, réglementaires ou financières – qui se pensent et s'activent sur des périmètres prédéfinis sont alors importantes. Ces dispositifs sont donc difficiles à créer car ils sont par nature transversaux et multi-échelles.

Remarquons également que ces processus de coaction ne s'incarnent que rarement au départ dans des projets très précis. Les solutions apparaissent en effet pas à pas, au rythme de la rencontre des acteurs et de leur mise en dialogue. Là encore, la mobilisation des acteurs sur de tels processus reste un défi, chacun préférant s'engager *a priori* sur du « concret » plus que sur un chemin en train de se faire. De plus, les solutions envisagées au fil des échanges peuvent parfois bousculer les cadres administratifs existants. Il faut accepter une part d'expérimentation territoriale, souplesse qui soulève également des résistances.

Enfin, un acteur, par l'impulsion – réglementaire ou financière, technique ou politique – qu'il peut donner sur son périmètre d'action, aura tendance à vouloir répondre à ses propres problématiques même s'il perçoit l'intérêt d'associer d'autres acteurs à ses ambitions. Il imposera alors, avec plus ou moins de force, son territoire, c'est-à-dire à la fois son espace stratégique et son projet. Le territoire apparaît en quelque sorte monopolisé, il devient cadre contraint plutôt que matrice ouverte.

Nos modes de faire et d'agir classiques sont donc peu adaptés à ces nouvelles modalités : facilitation externe, gouvernance collaborative et non seulement participative, processus d'innovation. Agir ensemble pour faire territoire reste un défi pour l'action même si ces vertus sont bien repérées.

## Le monde agricole et le territoire : opportunités et vigilance

Le monde agricole, par nature, est acteur des espaces ruraux. C'est dans sa nature même de s'approprier un espace pour mieux le gérer, mieux le valoriser. Être paysan, c'est, au sens littéral du terme, être l'homme d'un pays. La modernité agricole, souvent accusée, n'a pas fait reculer cette dimension fondamentale : la terre reste, pour notre agriculture à dimension familiale, un patrimoine, une ressource première. Les marchés agricoles, par ailleurs, se sont ouverts et l'espace commercial se réalise aujourd'hui dans des univers plus larges, au minimum européen, mondial le plus souvent. Voilà donc désormais les deux horizons du quotidien agricole : le proche et le lointain. Entre les deux, le territoire est écartelé.

Il serait pour autant faux de penser qu'il est abandonné. Au-delà des circuits courts que tout le monde repère mais qui ne concernent qu'une fraction de la réalité agricole, les agriculteurs se sont engagés dans nombre de projets territoriaux : démarche qualité, pôle de compétitivité, partenariats plus élargis. Ils se sont également de plus en plus mobilisés dans des projets d'économie circulaire autour de la biomasse, de l'énergie verte, du retraitement des déchets. Ils sont aussi les parties prenantes des politiques environnementales qui recherchent, même si les tâtonnements sont nombreux et parfois décourageants, à activer un cadre territorial pour élaborer ensemble les meilleures réponses.

Nous pouvons ainsi citer des initiatives très intéressantes dans lesquelles le monde céréalier est particulièrement impliqué. En Auvergne, le *cluster* Céréales Vallée[1] fédère ainsi près de 500 acteurs, publics comme privés, impliqués dans la recherche, l'industrie, les services, la formation. Des liens se tissent ainsi entre la production agricole, le besoin des industriels et ceux des consommateurs autour de projets collaboratifs innovants. Dans l'Aube, le Club d'écologie industrielle[2] réunit depuis 2003 les collectivités, les chambres consulaires – dont la chambre d'agriculture –, les entreprises, les acteurs de la recherche pour promouvoir et faciliter de nouvelles formes d'économie où se mutualisent dans des cercles vertueux, économiques comme écologiques, des flux de matières et d'énergie. Nous pouvons enfin souligner l'expérience Agriperaisne[3], dans l'Aisne, où des agriculteurs volontaires et leurs organisations s'engagent, avec le soutien du conseil général et de l'agence de l'eau, pour innover dans leurs pratiques et relier concrètement performance économique et amélioration de la qualité des eaux.

---

1. www.cereales-vallee.org.

2. www.ceiaube.fr.

3. www.agriperaisne.fr.

Il n'en reste pas moins que ce « territoire », porteur de projets et d'innovations, est bien souvent mis à mal. Faute d'une ingénierie adéquate, celle de la facilitation pluri-acteur, d'une gouvernance adaptée permettant une vraie coconstruction entre les acteurs, et de la monopolisation du « territoire » par quelques donneurs d'ordre – phénomène que l'on peut redouter croissant avec la régionalisation, la métropolisation et la prédominance d'un seul acteur public dans la conduite des affaires collectives –, il peut rapidement perdre de son intérêt et incarner l'espace des conflits plutôt que celui de la stratégie.

Les oppositions qui traversent nos sociétés modernes ne se seront alors jamais résolues : ce sera l'environnement contre l'économie, les circuits courts contre les circuits longs, l'urbain contre le rural, l'espace contre les hommes. Ce scénario n'est évidemment souhaité par personne, il est néanmoins temps de considérer les territoires sous un jour nouveau pour le contrecarrer.

La mondialisation et les flux bousculent les repères établis mais ne font que déplacer les problèmes fondamentaux, nous avons besoin de nous situer pour être, nous avons besoin de nous relier pour agir. Dans ce monde qui se pense dans l'abstraction et le mouvement, le territoire reste un point d'ancrage, de relation et de dépassement essentiel. Aujourd'hui, le territoire, espace à géographie variable, peut être cet espace de coaction qui nous permettra de nous engager avec espoir dans le XIXe siècle. Les espaces ruraux ont souvent été par le passé des espaces de synthèse et le cœur battant de notre pays. Ils démontrent aujourd'hui encore qu'ils ont gardé dans leur génétique cette capacité à faire vivre des territoires ouverts désormais au monde et à la ville. Mais, nous l'avons vu, cela reste fragile et pour l'essentiel à construire : faire territoire n'est pas chose aisée. Mais avons-nous durablement d'autres choix ?

# Conclusion
## L'avenir reste toujours à inventer
*Jean-François Gleizes*

On demandait en introduction si la notion de territoire avait encore un sens dans un monde « mondialisé ». On serait tenté, à l'issue de ce parcours, de dire qu'en tout cas, cette notion représente une valeur, ou des valeurs, de chacun des points de vue réunis ici.

Les filières de grandes cultures participent à l'expression de ces valeurs, à la mise en valeur des territoires, pour l'économie et la société. Qu'il me soit permis, en refermant ce volume, de proposer quelques éléments à la réflexion.

## Les professionnels des grandes cultures sont producteurs de ressources.

*Producteurs.* La chaîne économique et technique où s'inscrit l'agriculteur est une chaîne de valeur : la semence est déjà, elle-même, un produit élaboré, résultat de processus qui, en amont de la culture, sont générateurs de valeur ajoutée. Une valeur ajoutée qui s'exprime, en aval, dans la coopération avec des transformateurs qui s'adressent à des usages multiples. C'est dans cette logique de filière que les professionnels des grandes cultures se situent aujourd'hui, et plus encore demain, avec la diversification et l'allongement croissants des chaînes de valeur auxquelles ils participent.

*Ressources.* Il est frappant de constater la multiplication des attentes qui s'adressent aux grandes cultures, toutes dans des logiques de valeurs : des spécifications toujours plus fines en vue de transformations plus diverses, de l'alimentation à la « chimie verte » ; des fidélités à des patrimoines et à des terroirs auxquels une valeur est attachée, que marquent de plus en plus des labels ; une sécurité géopolitique qui s'affranchisse des aléas du climat et qui contribue à en affranchir des pays tiers ; une maîtrise des flux qui jugule la volatilité financière. Et simultanément une capacité à amortir les à-coups sans peser sur des budgets publics : disponibilité de la ressource et neutralité du producteur.

### … et de ressources durables

Ce double portrait du producteur dans les chaînes de valeurs et de ressources décrit aussi des voies de progrès : voies de l'amélioration des variétés, de méthodes de production innovantes pour la compétitivité et l'équilibre de l'écosystème, voies aussi de nouveaux débouchés pour participer au « verdissement » de la vie quotidienne. Or la distance qui s'est graduellement installée entre des hommes et des femmes producteurs de ressources de la terre et des hommes et des femmes installés dans la consommation des villes est désormais trop nette pour que l'on puisse faire l'économie de travailler à des rapprochements.

La culture urbaine étend ses schémas à l'ensemble de la société. L'inverse n'est pas vrai : l'urbain des pays industriels ne connaît plus le producteur agricole qui répond à sa demande, ou seulement de manière folklorique. Il connaît moins encore le produit qui vient de l'agriculture, les conditions qu'il faut remplir pour qu'il soit effectivement là, sûr et sain.

## Il faut donc construire des ponts

Chacun a sa vision des ponts souhaitables. Or imposer à l'autre sa vision revient à créer une nouvelle distance. C'est donc à deux questions qu'il faut d'abord s'attacher : quelle est la nature de l'obstacle à franchir ? À quelle circulation ce pont doit-il servir ?

Les obstacles à franchir sont surtout ceux de l'ignorance et des idées reçues. Ceux qui enferment la pensée – et l'action – dans des territoires qui refusent tout autre horizon qu'eux-mêmes.

Il s'agit pour cela en particulier de s'accorder sur ce qui constitue une amélioration. Les professions de grandes cultures se trouvent, sur ce point, face à des exigences qui sont celles, permanentes, du bien commun et de l'intérêt général.

La première exigence, la plus incontournable, est d'assurer sécurité alimentaire et sécurité sanitaire tout au long de leurs filières : cette exigence de santé et de sécurité concerne autant les producteurs, à l'occasion des travaux qu'ils effectuent, que les consommateurs finaux. C'est une exigence qui doit valoir pour tous les consommateurs, où qu'ils soient, comme pour tous les producteurs, où qu'ils soient. Déroger à cette exigence ne peut pas être un moyen de compétitivité dans la concurrence internationale. Les mêmes normes doivent pouvoir s'appliquer.

La deuxième exigence, de plus en plus simultanément incontournable, est celle de maintien du milieu. Non seulement du milieu naturel, mais aussi des milieux humains, alors même que la logique des métropoles se répand. Si l'espace agricole et l'espace urbain sont vécus seulement comme contradictoires, le territoire devient objet de conflits. C'est un sujet qui est à l'ordre du jour et qui appelle des innovations dans l'idée même du territoire et de sa gestion.

Une troisième exigence est celle de la disponibilité pour l'innovation. Le végétal déploie ses réponses dans un nombre croissant de domaines.

L'énergie : les grandes cultures ont fourni l'aliment de la traction animale avant que le pétrole ne prenne le relais. Les sources végétales renouvelables sont toujours disponibles pour réfléchir à l'avenir des énergies.

Les chimies et les matériaux : On sait « craquer » le maïs comme on a « craqué » le pétrole depuis un siècle, pour en faire des molécules dont les emplois relèvent de l'innovation. On sait solliciter des ADN végétaux pour faire produire par des plantes des substances pharmaceutiques qui enrichissent la pharmacopée dans des domaines dont l'exploration ne fait que commencer. On sait cultiver des variétés de plantes dont les qualités physiques de plasticité et de résistance offrent des alternatives à des métaux ou à des fibres pétrochimiques. On sait encore bien d'autres choses, et il y en a plus encore qu'on ne sait pas. Mais qui sont à inventer.

### Des valeurs au service d'un avenir de société

« Vivre mieux, en sécurité, dans un écosystème durable » : ces enjeux de société, au service desquels les grandes cultures apportent leurs contributions, mobilisent des valeurs qui sont parfois, comme les agriculteurs eux-mêmes, « perdues de vue » dans la réflexion et l'orientation des politiques. Et pourtant, ce sont bien des valeurs et des réalités humaines qui forment le socle de nos professions comme de l'engagement de celles et de ceux qui les animent. Des valeurs et des réalités indissociables du mode de vie de nos sociétés.

Les territoires de l'avenir doivent donc être des horizons à conquérir plus que des barrières qu'on s'interdirait de remettre en cause. L'ambition était, ici, de contribuer à cette réflexion. Sans y poser ni clôture, ni défense, mais seulement des horizons. La Terre est une mosaïque nourricière, pas pour autant illimitée, alors pensons-la sans frontière pour en tirer le meilleur au bénéfice du plus grand nombre.

C'est un trésor fabuleux et une perpétuelle découverte.

**Remerciements :**
Merci à tous les professionnels des grandes cultures ayant initié ce dialogue avec la société, notamment Philippe Pinta et Jean-François Isambert (Céréaliers de France), Christophe Terrain et Anne-Claire Vial (Maïz'Europ), Éric Lainé (France Betteraves), Guillaume Dhérissard (Sol et Civilisation) ainsi que Jean-Pierre Beaudoin (Burson-Marsteller I&E).

# Table des matières

# Chez le même éditeur

Isabelle Albert, *Le trader et l'intellectuel. La fin d'une exception française*

François Ascher, *Les nouveaux principes de l'urbanisme*, suivi de *Lexique de la ville plurielle*

François Ascher, *L'âge des métapoles*

Alain Badiou, *D'un désastre obscur. Droit, État, politique*

Laurent Bazin, Pierre-Henri Tavoillot, *Tous paranos ? Pourquoi nous aimons tant les complots…*

Guy Bedos, Albert Jacquard, *La rue éclabousse*

Guy Bedos, Gilles Vanderpooten, *J'ai fait un rêve*

Emna Belhaj Yahia, *Tunisie. Questions à mon pays*

Gilles Berhault, *Développement durable 2.0. L'internet peut-il sauver la planète ?*

Philippe J. Bernard, Thierry Gaudin, Susan George, Stéphane Hessel, André Orléan, *Pour une société meilleure !*

Lucien Bianco, *La révolution fourvoyée. Parcours dans la Chine du XXᵉ siècle*

Régis Bigot, *Fins de mois difficiles pour les classes moyennes*

Alain Bourdin, *Métapolis revisitée*

Alain Bourdin, *L'urbanisme d'après crise*

Bénédicte Boyer, *La vie rêvée des maires*

Pierre Carli, Hervé Le Bras, *Crise des liens, crise des lieux*

CARSED, *Le retour de la race*

Laurent Chamontin, *L'Empire sans limites*

Bernard Chevassus-au-Louis, *La biodiversité, c'est maintenant*

Pierre Clastres, *Archéologie de la violence. La guerre dans les sociétés primitives*

Daniel Cohn-Bendit, *Forget 68*

Pierre Conesa, *Guide du paradis. Publicité comparée des Au-delà*

Boris Cyrulnik, *La petite sirène de Copenhague*

Boris Cyrulnik, Edgar Morin, *Dialogue sur la nature humaine*

Caroline Dayer, *Sous les pavés, le genre*

Antoine Delestre, Clara Lévy, *Penser les totalitarismes*

Rachel Delcourt, *Shanghai l'ambitieuse*

François Desnoyers, Élise Moreau, *Tout beau, tout bio ?*

Toumi Djaïdja, Adil Jazouli, *La Marche pour l'Égalité*

François Dessy, *Roland Dumas, le virtuose diplomate*

François Dessy, *Jacques Vergès, l'ultime plaidoyer*

Thomas Flichy de La Neuville, *L'Iran au-delà de l'islamisme*

Thomas Flichy de La Neuville, Olivier Hanne, *L'endettement ou le crépuscule des peuples*

Tarik Ghezali, *Un rêve algérien*

Jean-François Gleizes (dir.), *La fin des paysans n'est pas pour demain*

Jean-François Gleizes (dir.), *Comment nourrir le monde ?*

Jean-François Gleizes (dir.), *Le bonheur est dans les blés*

Hervé Glevarec, *La culture à l'ère de la diversité. Essai critique, trente ans après* La Distinction

Martin Gray, Mélanie Loisel, *Ma vie en partage*

Michel Griffon, *Pour des agricultures écologiquement intensives*

Michaël Guet, *Dosta ! Voir les Roms autrement*

Luc Gwiazdzinski, Gilles Rabin, *Urbi et Orbi. Paris appartient à la ville et au monde*

Félix Guattari, *Lignes de fuite. Pour un autre monde de possibles*

Claude Hagège, *Parler, c'est tricoter*

Bertrand Hervieu, Jean Viard, *L'archipel paysan*

Françoise Héritier, Caroline Broué, *L'identique et le différent*

Stéphane Hessel, Gilles Vanderpooten, *Engagez-vous !*

Stéphane Hessel, avec Edgar Morin et Nicolas Truong, *Ma philosophie*

Jérôme Heurtaux, Cédric Pellen, *1989 à l'est de l'Europe*

François Hollande, Edgar Morin, avec Nicolas Truong, *Dialogue sur la politique, la gauche et la crise*

Vianney Huguenot, *Jack Lang, dernière campagne. Éloge de la politique joyeuse*

François Jost, Denis Muzet, *Le téléprésident. Essai sur un pouvoir médiatique*

Marietta Karamanli, *La Grèce, victime ou responsable ?*

Dina Khapaeva, *Portrait critique de la Russie*

Hervé Le Bras, *Pays de la Loire : la forme d'une région*

Hervé Le Bras, *L'invention de l'immigré*

Franck Lirzin, *Marseille. Itinéraire d'une rebelle*

Béatrice Mabilon-Bonfils, Geneviève Zoïa, *La laïcité au risque de l'Autre*

Gregor Mathias, *Les guerres africaines de François Hollande*

Dominique Méda, *Travail : la révolution nécessaire*

Philippe Meirieu, Pierre Frackowiak, *L'éducation peut-elle être encore au cœur d'un projet de société ?*

Éric Meyer, *Cent drôles d'oiseaux de la forêt chinoise*

Éric Meyer, Laurent Zylberman, *Tibet, dernier cri*

Danielle Mitterrand, Gilles Vanderpooten, *Ce que je n'accepte pas*

Janine Mossuz-Lavau, *Pour qui nous prend-on ? Les « sottises » de nos politiques*

Liane Mozère, *Fleuves et rivières couleront toujours. Les nouvelles urbanités chinoises*

Manuel Musallam (avec Jean-Claude Petit), *Curé à Gaza*

Denis Muzet (dir.), *La France des illusions perdues*

Ngo Thi Minh-Hoang, *Doit-on avoir peur de la Chine ?*

Pascal Noblet, *Pourquoi les SDF restent dans la rue*

Yves Paccalet, Gilles Vanderpooten, *Partageons ! L'utopie ou la guerre*

Jéromine Pasteur, Gilles Vanderpooten, *La vie est un chemin qui a du cœur*

Serge Paugam, *Vivre ensemble dans un monde incertain*

Jérôme Pellissier, *Le temps ne fait rien à l'affaire…*

Monique Pinçon-Charlot, Michel Pinçon & Émile, *C'est quoi être riche ?*

Edgard Pisani, *Mes mots. Pistes à réflexion*

Sandrine Prévot, *Inde. Comprendre la culture des castes*

Pun Ngai, *Made in China. Vivre avec les ouvrières chinoises*

Pierre Rabhi, *La part du colibri*

Dominique de Rambures, *Chine : le grand écart*

Hubert Ripoll, *Mémoire de là-bas. Une psychanalyse de l'exil*

Laurence Roulleau-Berger, *Désoccidentaliser la sociologie*

Youssef Seddik, *Le grand malentendu. L'Occident face au Coran*

Youssef Seddik, *Nous n'avons jamais lu le Coran*

Youssef Seddik, Gilles Vanderpooten, *Tunisie. La révolution inachevée*

Mariette Sineau, *La force du nombre*

Philippe Starck, Gilles Vanderpooten, *Impression d'Ailleurs*

Benjamin Stora, *Algérie 1954*

Benjamin Stora (avec Thierry Leclère), *La guerre des mémoires*

Didier Tabuteau, *Dis, c'était quoi la Sécu ?*

Pierre-Henri Tavoillot, *Faire ou ne pas faire son âge*

Pierre-Henri Tavoillot, *Les femmes sont des adultes comme les autres*

Nicolas Truong (dir.), *Résistances intellectuelles*

Gilles Vanderpooten, Christiane Hessel (dir.), *Stéphane Hessel, irrésistible optimiste*

Christian Vélot, *OGM : un choix de société*

Pierre Veltz, *Paris, France, monde*

Jean Viard, *Toulon, ville discrète*

Jean Viard, *Marseille. Le réveil violent d'une ville impossible*

Jean Viard, *La France dans le monde qui vient. La grande métamorphose*

Jean Viard, *Nouveau portrait de la France*

Jean Viard, *Fragments d'identité française*

Jean Viard, *Lettre aux paysans et aux autres sur un monde durable*

Jean Viard, *Penser la nature. Le tiers-espace entre ville et campagne*

Jean Viard, *Éloge de la mobilité*

Patrick Viveret, *Reconsidérer la richesse*

Julien Wagner, *La République aveugle*

Yves Wintrebert, Han Huaiyuan, *Chine. Une certaine idée de l'histoire*

Mathieu Zagrodzki, *Que fait la police ? Le rôle du policier dans la société*

Achevé d'imprimer en novembre 2014
sur les presses de l'imprimerie Pulsio
pour le compte des éditions de l'Aube
Rue Amédée-Giniès, F-84240 La Tour d'Aigues

Numéro d'édition : 1162
Dépôt légal : décembre 2014
N° d'impression :

*Imprimé en Europe*